Conciliación de la vida laboral y familiar

SSCG018PO

Servicios Socioculturales y a la Comunidad

EF/SSCG018PO/MAY/24

ISBN: 978-84-1077-012-6
Depósito legal: M-12327-2024
Editado en mayo de 2024
Imprime: Ediciones Valbuena, S.A.
Impreso en España. Printed in Spain

Presentación

Comprometidos por ofrecer una propuesta formativa ajustada a las necesidades de la sociedad y del mercado de trabajo, Ediciones Valbuena presenta este manual para la Especialidad formativa de **Conciliación de la vida laboral y familiar**, perteneciente a la Familia profesional de **Servicios socioculturales y a la comunidad**.

Esta **Especialidad Formativa**, con una duración asociada de 20 horas, se integra en el Catálogo de especialidades con el código **SSCG018PO**.

En la elaboración de los contenidos hemos pretendido diseñar actividades socio-culturales, y ponerlas en práctica, en función de los distintos colectivos.

En nuestra página web **www.adams.es** estarás al día de todo en cuanto a información sobre cursos, productos y servicios se refiere, además tendrás la opción de dirigirnos cualquier consulta o sugerencia a través de **adams@adams.es**

Esperando haber cumplido el objetivo propuesto, te expresamos nuestros mejores deseos de éxito.

Ediciones Valbuena

ÍNDICE

Test de unidades

Iconos de Información

Definición

Recuerda

Ejemplo

Nota

Importante

Resumen

UNIDAD DIDÁCTICA 1

Contexto histórico y marco conceptual de la conciliación

Contenido & Objetivos

Introducción

1. La división sexual del trabajo

2. Las nuevas realidades familiares y la incorporación de las mujeres al mercado laboral

3. Los usos del tiempo

4. El concepto de conciliación

5. La conciliación como herramienta para la igualdad

Resumen

Los objetivos de esta unidad son:

1. Conocer e identificar las diferencias entre hombres y mujeres en la distribución del trabajo.

2. Aprender algunas habilidades personales esenciales para gestionar eficazmente el tiempo y potenciar la igualdad de género.

3. Identificar y sensibilizar sobre los beneficios de la conciliación.

Introducción

La familia y el trabajo son los dos ámbitos principales de desarrollo del ser humano. La persona nace en familia y en ella se hace autosuficiente. Además de «ser familia» también «hace familia». El ámbito laboral es fundamental para la subsistencia: gracias al trabajo se consigue la remuneración que se dedica tanto a los bienes básicos (alimentación, hogar, higiene, cuidado, educación y vestimenta) como a otros no esenciales.

Además de ganar el sustento, gracias al trabajo, la persona desarrolla tanto sus potencialidades como su formación y vocación laboral. Gracias a él los miembros de la sociedad contribuyen al bien social y colaboran en el servicio a los demás.

Sin embargo, en la época actual parece existir un desequilibrio importante entre las esferas laboral y familiar. Las situaciones laborales relativas al tiempo y exigencia laboral chocan con las responsabilidades que conlleva una familia, y ello hace que, en una gran mayoría, las personas trabajadoras no estén plenamente satisfechas con cómo compaginan ambas responsabilidades.

Las últimas décadas han ido marcando un cambio social en las familias y en los roles establecidos tradicionalmente, reproductivo-mujer y productivo-hombre, debido al aumento de la presencia de mujeres en el mercado laboral. No obstante, los tiempos dedicados al área doméstica y familiar continúan siendo mayores en las mujeres respecto a los hombres.

Por otro lado, existe un número mayor de solicitudes de excedencia y reducción de jornada laboral por parte de la mujer. Esta situación se ve potenciada, ya que los actuales marcos jurídicos continúan centrándose en la mujer como principal beneficiaria de los derechos de conciliación. Resulta imprescindible profundizar en los factores que están influyendo actualmente en la conciliación, como base para plantear futuras acciones que reviertan la desigualdad de género en este sentido.

1. La división sexual del trabajo

1.1. ¿Qué es la división sexual del trabajo?

Para abordar el tema de la conciliación de la vida laboral y familiar, es indispensable hacer referencia a cómo se organiza el trabajo entre hombres y mujeres. Ambos realizan tareas de distinto tipo en las sociedades que se conocen.

En las diversas sociedades, más allá de sus diferencias, existe la separación de tareas que se atribuyen a hombres y mujeres. Esta separación puede ser más o menos rígida, de acuerdo con las características de la sociedad que se trate, puesto que influyen distintos factores como son:

- Económicos.

- Tecnológicos.

- Demográficos.

- De carácter cultural e ideológico.

Estos factores inciden en esta división de tareas por sexo. A esta división se le llama **división sexual del trabajo**.

La división sexual del trabajo se refiere a la manera en que cada sociedad organiza la distribución del trabajo entre los hombres y las mujeres, según los roles de género establecidos que se consideran apropiados para cada sexo.

1.2. Características de la división sexual del trabajo

La división sexual del trabajo tiene características comunes, que las podemos encontrar en distintas sociedades, más allá de sus diferencias. Las principales son:

⇨ La casi exclusiva responsabilidad de las mujeres en la **crianza** y **cuidado de los hijos** y las **tareas domésticas**. En esta división de trabajo por sexo, hay un hecho prácticamente universal, y es que las mujeres tienen mayor responsabilidad en la crianza y cuidado de los hijos y en las tareas domésticas.

⇨ Esta división sexual del trabajo se traduce, en la mayor parte de las sociedades, en una jerarquización en cuanto a la **valoración social y económica** otorgadas a las funciones que unos y otros desempeñan, valoración que se realiza en perjuicio de las mujeres, y que se traduce en una manifiesta desigualdad entre ambos sexos.

⇨ Las mujeres quedaron relegadas al ámbito privado. Estas tienen la responsabilidad de garantizar que los miembros de su familia hagan una vida sana y digna y, para realizar este trabajo, las mujeres tuvieron que quedarse en sus casas y así se les relegó al **ámbito privado o doméstico**, mientras que el rol previsto para los hombres es el de proveedores de la familia, rol que desempeñan básicamente en el mundo de lo público.

⇨ Otra de las características de esta división sexual del trabajo es que **varía en el tiempo y en el espacio**. No es lo mismo la división de tareas en la actualidad que en el siglo pasado, tampoco es igual en el área rural que en la urbana.

1.3. Trabajo productivo y trabajo reproductivo

Actualmente, se asiste a la formación de un nuevo ideal de familia, la familia denominada **igualitaria o simétrica**, con ambos cónyuges con empleo remunerado y compartiendo tareas domésticas.

Sin embargo, en el mundo de las prácticas sociales, la realidad cotidiana de las familias es muy distinta, persistiendo, aunque cada vez menos, el **reparto desigual de tareas y responsabilidades** entre hombres y mujeres.

Cuando analizamos el papel de la mujer en la familia es necesario mantener el enfoque basado en los **procesos de producción y reproducción**, ya que ambos están interconectados en nuestra sociedad. El hecho de que ambos procesos aparezcan sexualmente marcados en nuestra sociedad es fuente de importantes conflictos, tanto para la mujer como para la familia y la sociedad.

Lo cierto es que solo la reproducción biológica, ligada a la función reproductora, es específica de la mujer. Y, sin embargo, se sigue asignando a la mujer la función de crianza, cuidado de hijos y todo el conjunto de actividades relacionadas con el **mantenimiento de la fuerza de trabajo** dentro de la unidad doméstica.

Las **empresas**, por su parte, perciben el tema de la conciliación como una amenaza potencial para el rendimiento laboral. La asignación tradicional de roles e identidades influye en la posición desfavorable de las mujeres en las empresas y, en definitiva, en el mercado de trabajo.

Son las **mujeres** las que más uso hacen de las **medidas de conciliación** establecidas (bajas por maternidad, reducciones de jornada, excedencias...). Facilitar la conciliación, en muchos casos, es considerado como un coste que las empresas no quieren asumir.

El conflicto entre la vida familiar y la vida laboral posee una enorme trascendencia. Esta tensión tiene fuertes implicaciones en el ámbito reproductivo, en el proceso de la reproducción social. De ahí que la **conciliación** haya dejado de ser un problema de mujeres para pasar a ser un **problema social**.

1.4. Espacio público y espacio privado

En nuestros sistemas sociales se produce una clara división de tareas y roles en función del sexo de las personas y, a su vez, la valoración social que se atribuye a ambos sexos es diferente.

▶ En líneas generales, el hombre se mueve en el ámbito público o productivo, es decir, aquel espacio que está reconocido socialmente y que facilita y controla los recursos.

▶ Por su parte, a las mujeres se las enmarca en el ámbito doméstico o reproductivo, que no goza de tanto reconocimiento y no genera riqueza.

Ha existido una división tradicional entre espacio público y espacio privado, muy desarrollada en el contexto de nuestras modernas democracias liberales.

El **espacio público** es aquel que propicia el desarrollo de la persona en la esfera política, económica y social externa al domicilio. A él pertenecen el empleo, la participación política y cívica, etc. Tradicionalmente, han sido los hombres quienes han estado legitimados para desarrollar sus actividades en el espacio público; de este modo, es a los hombres a quienes ha correspondido el desempeño de un trabajo fuera del hogar, la participación política, la capacidad de decisión, la autonomía económica, la participación en las organizaciones de la sociedad civil, etc.

En base a este modelo se articula la **imagen del hombre-proveedor** que trabaja y desarrolla buena parte de su actividad en la esfera pública, y que debe garantizar los recursos materiales necesarios para la subsistencia de su esposa, hijas e hijos.

El **espacio privado** se refiere a cosas diversas. Tradicionalmente, se ha entendido que el ámbito privado era aquel que tenía lugar en el interior del domicilio, alejado de la mirada pública. A él han estado asignadas históricamente las mujeres como las encargadas de realizar las tareas domésticas, así como de las labores de cuidado de los hijos y de otras personas dependientes. A las mujeres les ha estado vetado, durante muchos años, el acceso individual al ámbito público.

Sin embargo, gracias a la reflexión llevada a cabo por el feminismo y a la labor de las políticas de igualdad, hoy resulta claro que es en realidad al **espacio doméstico**, que tendría lugar **dentro del privado**, al que las mujeres se han encontrado adscritas. Existe otra vertiente de lo privado, entendida como lugar para el descanso, el ocio y el esparcimiento, de la que los hombres han disfrutado en todas las épocas, y de la que las mujeres, en cambio, han permanecido igualmente excluidas.

Así pues, conviene hacer esta distinción triple, entre lo público, lo privado y lo doméstico, para comprender cuál ha sido la distribución jerárquica y desigualitaria de los espacios sociales.

Esta **separación de espacios y funciones** asociadas a los mismos genera innumerables consecuencias, siendo el mundo del empleo el que se ve afectado en mayor medida. De ahí que en las propuestas de cambio se haya otorgado especial valor a todo lo que tiene que ver con la conciliación de la vida personal, familiar y laboral.

En la actualidad se desafía esta distribución de mujeres y hombres, y se reivindica la libertad de acceso y disfrute individual no basada, por tanto, en el género, de cualquiera de los espacios descritos.

2. Las nuevas realidades familiares y la incorporación de las mujeres al mercado laboral

2.1. Incorporación de la mujer al mercado laboral y las desigualdades

La incorporación de la mujer al mercado laboral define un nuevo escenario respecto a la división sexual del trabajo. Se desdibuja la sólida relación de complementariedad existente entre la esfera productiva y reproductiva.

El trabajo productivo, monopolio de los hombres, y el trabajo reproductivo, asignado a las mujeres, formaban dos compartimentos estancos entre los que no había posibilidad de trasvase.

Históricamente, el trabajo productivo remunerado en el marco de una economía formal ha sido responsabilidad de los hombres, mientras que el sostenimiento de la familia y el conjunto de actividades no remuneradas relacionadas con el trabajo doméstico y con la atención y el cuidado de los miembros de la familia, ha sido el espacio de relegación de las mujeres.

Con la **entrada de las mujeres a la economía** de mercado estos dos compartimentos herméticos se modifican: las mujeres participan de la esfera productiva, generando un vacío en el ámbito de los cuidados al que es necesario dar respuesta.

Al abordar la cuestión de la conciliación, la sociología ha partido de la constatación de la persistencia de una estructura tradicional de valores, normas, creencias e identidades, que son inherentes a un sistema de estatus y roles de género para, a continuación, poner en evidencia los síntomas de transformación de tal estructura: la constitución de una cultura de la emancipación como característica de la modernidad (emancipación del individuo, en general, y de las mujeres, como sujeto colectivo, en particular) y el proceso masivo de incorporación femenina al mercado de trabajo, a la vez reflejo y motor del cambio de roles de género.

¿En qué términos se ha dado esta incorporación?

Las mujeres no gozan de las mismas condiciones laborales que los hombres. Esto es especialmente visible al comprobar la existencia de la llamada **brecha salarial** o diferencia existente entre los salarios de los hombres y de las mujeres, que hace que las mujeres cobren menos que los hombres por el desempeño de un trabajo de igual valor. En los distintos sectores de actividad y profesiones, los hombres cobran más que las mujeres, bien a través de complementos que solo cobran los hombres o como consecuencia de que no se reconoce un trabajo de igual valor.

Pero la desigualdad en el empleo se puede observar también si se tienen en cuenta las condiciones de mayor **vulnerabilidad y precariedad del empleo** femenino. Son las mujeres quienes, con mayor frecuencia, ocupan las posiciones más precarias en el mercado laboral, en trabajos temporales, eventuales, a tiempo parcial o peor remunerados.

Son las mujeres también quienes representan las **tasas de paro más altas**, en primer lugar, porque las razones de esta situación son de orden estructural, tienen que ver con la división sexual del trabajo y están en la base misma de la sociedad patriarcal. Estas desigualdades se deben a que la formación que reciben las mujeres tiene también un sesgo de género: baja empleabilidad, puestos de trabajo menos consolidados, de menos categoría e inferior reconocimiento social y económico.

2.2. Techo de cristal

En el ámbito del empleo debe señalarse la existencia de una doble segregación:

- Se habla de **segregación horizontal** cuando se constata la alta concentración femenina o masculina en determinados sectores de actividad y empleo, provocando que aquellos sectores relacionados con tareas atribuidas como naturales a las mujeres conlleven un menor reconocimiento social y económico. Por ejemplo, puede pensarse en las profesiones relacionadas con el cuidado de las personas dependientes, y en aquellas relacionadas con las ingenierías técnicas.

- Se habla de **segregación vertical** para explicar la desigual concentración de la presencia de mujeres y hombres en los puestos de la jerarquía laboral, relegando a las mujeres a puestos de responsabilidades inferiores.

En este sentido, se hace referencia a la existencia del **techo de cristal** como aquella barrera invisible que se presenta en el itinerario profesional de las mujeres y que impide la promoción de estas a altos puestos de decisión y poder.

Su carácter de invisibilidad tiene que ver con el hecho de que no existen leyes ni dispositivos sociales establecidos que impongan a las mujeres semejante limitación, sino que está edificado sobre la base de construcciones culturales androcéntricas más difíciles de identificar.

Es frecuente excusar la discriminación laboral de las mujeres por su dedicación a las tareas derivadas de la maternidad. En este sentido, existe una desprotección y una falta de consideración hacia la maternidad y sus tareas derivadas, pese a que estas suponen un requisito para la perpetuación de la especie.

La igualdad de género en el empleo se encuentra muy relacionada con la necesidad de igualdad económica, que debe señalarse como **requisito para la autonomía de las mujeres**. Desde el principio de igualdad de oportunidades se reclama la plena igualdad entre mujeres y hombres en el ámbito del empleo, tanto en el acceso al mismo (en todos los puestos de la jerarquía de poder), como en todos los sectores y niveles. Se reivindica la igualdad de trato y salarial, de forma que nadie pueda cobrar menos por realizar el mismo trabajo, y se denuncian todas las formas de discriminación, directa e indirecta, que las mujeres sufren.

2.3. Demografía y mercado de trabajo

El mercado de trabajo es selectivo con las mujeres. Sí podemos apreciar un cambio cuantitativo y cualitativo en la selección que hace el mercado laboral en función del sexo: a mayor nivel de estudios, las tasas de actividad de hombres y mujeres se acercan.

Es más, las mujeres con estudios universitarios superiores registran tasas de actividad superiores a los hombres. Sería conveniente analizar detenidamente este dato porque puede ser un síntoma de cambio estructural. Pero también sería conveniente analizar cuáles son las trayectorias vitales de estas mujeres (su estado civil, número de hijos, ocupación, etc.).

Una de las variables que mejor expresa la asimetría de género es la **trayectoria profesional.**

- **¿Cuáles son los costes diferenciales de la conciliación para las carreras profesionales de hombres y mujeres?**

El incremento de la escolarización femenina, la participación creciente en la esfera pública y muchos de los esfuerzos y cambios que están protagonizando las mujeres suponen un éxito decisivo, aunque inacabado, porque están permitiendo a las mujeres acceder a la actividad extra doméstica, sin que ello suponga la paridad de carrera profesional con los varones ni el acceso de muchas más mujeres a puestos laborales de primer nivel. Al contrario, las **diferencias en la carrera profesional** aumentan conforme pasan los años, ya que las promociones laborales son más frecuentes para ellos que para ellas. He aquí algunos datos:

Según Eurostat, las mujeres españolas ganan como media un 12,7% menos que sus homólogos masculinos, esta cifra varía entre los diferentes países de la UE; en España se sitúa aproximadamente en un 8,5%. Otro dato interesante es que las mujeres solo ocupan un 37% de los puestos directivos en el ámbito de la UE.

Parece que el **talento femenino** no prospera ni se remunera igual que el masculino en el mundo profesional.

Si el incremento tan notable de mujeres en niveles profesionales y técnicos que se está produciendo en la estructura laboral de nuestro país no se refleja paralelamente en la ocupación de puestos de primer nivel laboral, se debe a que para acceder y desempeñar con éxito puestos de dirección se ponen en juego otro tipo de aspectos que poco tienen que ver con la preparación curricular y el acceso meritocrático, que condicionan decisivamente las posibilidades de las mujeres.

Entre estos aspectos, ocupa un lugar central la lógica laboral que aún impera en muchas empresas de nuestro país, caracterizada por tomar como modelo de trabajador al varón y enfatizar las horas dedicadas a la empresa y/o la disponibilidad hacia la misma, obviando la evaluación de la productividad y la eficacia real de cada empleado. Desde esta lógica, la mujer aparece como la gran indispuesta, y **su trabajo como menos rentable**, porque se la sigue asociando, primordialmente, con el ámbito doméstico.

Pese a su presencia creciente en el mercado laboral, haber demostrado sus capacidades, habilidades técnicas y formación, incluso aunque cobre menos, a la mujer se la sigue viendo como alguien parcialmente ajeno a la empresa y con escasa disponibilidad (y este argumento se utiliza incluso contra aquellas mujeres que no tienen ese tipo de "cargas" porque, se dice, "ya las tendrán").

Dada esta desconfianza hacia la capacidad de las mujeres para implicarse plenamente en su profesión, estas van a ser vistas, frecuentemente, como candidatas problemáticas para un puesto de responsabilidad laboral, por lo que, frente a la elección de un hombre, seleccionar a una mujer se va a percibir como un riesgo.

Si promocionarlas es un riesgo, ellas, por su parte, tienen que "pagar" por transgredir la tradicional y asimétrica división de espacios y roles en que se sustenta la desigualdad de género: es decir, por entrar en un terreno, el del poder y el éxito laboral, que no se les adscribe socialmente. A las mujeres **la promoción laboral siempre les sale más "cara"**, pues a menudo tienen que hacer renuncias en su vida personal y, además, demostrar que son mejores que sus pares varones para ser promocionadas.

Y cuando acceden a puestos de responsabilidad laboral sufren penalizaciones. Una de las principales formas de penalización que sufren las mujeres radica en la creencia de su supuesta incapacidad "natural" para ejercer el mando, lo que nos devuelve a una visión naturalizada de las identidades tradicionales de género y de las capacidades y espacios que se les atribuyen a unos y otras, que solo desaparecerá cuando percibamos como algo natural el desempeño del poder por parte de las mujeres y a los hombres como corresponsables del ámbito doméstico-familiar.

En definitiva, conciliar implica cuestionar, primero, y transformar, después, el modelo tradicional de división sexual del trabajo. Para las mujeres, trabajar fuera del hogar es una opción legítima, incluso apoyada por la sociedad, pero difícil de llevar a cabo. Los cambios en la composición de la fuerza de trabajo tienen, sin duda, una incidencia clara en la organización familiar. El modelo tradicional, en el que el curso de la vida de hombres y mujeres se regulaba por diferentes patrones, ha sufrido cambios significativos.

3.   Los usos del tiempo

3.1.   Principio de Pareto

Las habilidades personales de gestión del tiempo son esenciales para obtener la eficacia en los diferentes ámbitos de la vida. Las personas que usan estas técnicas de forma habitual son las que alcanzan los mayores logros, tanto en el entorno personal como profesional. Con la práctica de estas habilidades, se adquiere el control y se gestiona adecuadamente el estrés que supone la carga excesiva de trabajo.

La Ley o Principio de Pareto, también conocida como la regla del 80/20 (o 20/80), establece que, de forma general y para un amplio número de fenómenos, aproximadamente el 80% de las consecuencias proviene del 20% de las causas.

Vilfredo Federico Pareto (1848-1923) fue un ingeniero, sociólogo, economista y filósofo italiano, cuyo Principio o Ley nos puede servir de referencia para centrarnos en lo que realmente importa, en lo que nos puede dar mayores satisfacciones con menores esfuerzos, sin malgastar energías y recursos en obtener pobres resultados.

En el mundo empresarial, la Ley de Pareto suele cumplirse, por ejemplo, en los campos de ventas y gastos. Así, en muchos casos se podrá comprobar cómo el 80% de las ventas de una empresa proviene de un 20% de sus clientes, o de un 20% de sus productos, o el 80% de sus gastos del 20% de sus proveedores.

La Ley de Pareto puede ser de gran utilidad para la **gestión empresarial**, puesto que identificando el **20% de un factor concreto** que **produzca el 80%** que queremos controlar, es posible conocer dónde es más rentable poner esfuerzos extras para conseguir un mejor resultado.

3.1.1.   ¿Cómo saber si estamos trabajando en ese 20%?

Lo más importante de la Ley de Pareto y la mejor forma de aprovecharlo, es enfocar esfuerzos y concentración en el 20% de las actividades y situaciones de la vida.

Sin embargo, muchas veces no es tan fácil saber si efectivamente nos estamos enfocando en dicho 20%, para lo cual he aquí algunos consejos a tener en cuenta.

Si estás trabajando en tu 20%, entonces:

⇨ Te sientes bien porque estás haciendo lo que te gusta (o lo que siempre has querido hacer) o simplemente sabes que eso contribuye al logro de tus propósitos.

⇨ Estás realizando tareas en las que puedes retrasarte, pero al ser tan esenciales esto no llega a ocurrir.

⇨ Delegas tareas que no son realmente tan importantes.

De igual manera, si no estás aprovechando tu 20%, ocurrirá lo siguiente:

▶ Estarás haciendo lo que otras personas quieren que hagas.

▶ Estarás haciendo cosas para las que no eres bueno.

▶ Estarás haciendo cosas que no te gusta hacer (o que no contribuyen con tus propósitos y objetivos de vida).

▶ Estarás haciendo cosas que normalmente tomarán mucho esfuerzo y energía de tu parte.

3.1.2. ¿Cómo podrías realizarlas más frecuentemente?

Con un poco de esfuerzo y la aplicación de la Ley de Pareto, podemos ahorrar mucha energía física y emocional para concentrarnos en cuestiones importantes que realmente enriquezcan nuestra vida.

El 20% de tus ingresos será el resultado del 80% de tu esfuerzo, por lo que es importante que te replantees cómo optimizas estas cuestiones para que, de esa forma, tus esfuerzos disminuyan.

El 80% de las personas te reportan el 20% de beneficios, por lo que ten cuidado con quién te rodeas, y pasa más tiempo con el 20% verdaderamente importante.

3.1.3. ¿Cómo aplicar de forma adecuada esta máxima?

Observa con atención cómo lo hacen los demás para conseguir esos resultados excelentes.

Observa en tu interior, fíjate en aquello que te proporciona un buen resultado, focaliza tus esfuerzos en este punto y prescinde de todo lo demás.

¡Practica! Pon en práctica aquello que a los demás les da resultado y, de igual modo, haz lo mismo con lo que a ti te funciona.

3.2. Venciendo a la procrastinación

Todas las personas procrastinan en algún grado, pero algunas están tan afectadas crónicamente por la **procrastinación** que les paraliza conseguir cosas que serían capaces de hacer y su desarrollo se estanca. La clave para controlar y combatir definitivamente este hábito destructivo es reconocer cuándo se empieza a procrastinar, entender porqué ocurre y dar pasos para manejar el tiempo y los resultados.

Se procrastina cuando **se evitan tareas** en las que nos deberíamos centrar en este momento, por lo general, a favor de hacer algo más agradable o con lo que nos sentimos más cómodos. Las personas afectadas de procrastinación trabajan tantas horas al día como las demás personas (a menudo incluso más) pero invierten su tiempo en las tareas equivocadas. En ocasiones, no se entiende la diferencia entre urgente e importante, y se tiende continuamente hacia tareas urgentes, aunque realmente no sean importantes.

Se puede sentir que se están haciendo las cosas correctas al reaccionar a situaciones y demandas reales; o puede que ni se esté planteando su enfoque y que, simplemente, se tienda a **atender las demandas** de las personas **cuya petición sea más ruidosa**. Al hacer esto queda poco tiempo para las tareas importantes, a pesar de las consecuencias negativas que esto supone.

Otra causa común de la procrastinación es sentirse **abrumado por la tarea**. No se sabe por dónde empezar o se duda de si se tienen las habilidades o recursos que se necesitan para realizarla. Uno se siente cómodo realizando las tareas que sabe que es capaz de hacer. Desafortunadamente, la tarea realmente no va a desaparecer.

Otras causas de la procrastinación incluyen:

- Esperar al momento adecuado para abordar la tarea.

- Miedo al fracaso o al éxito.

- Habilidades mejorables de toma de decisiones.

- Falta de habilidades organizativas.

- Perfeccionismo (*No tengo las habilidades o recursos para hacerlo perfecto, así que no hago nada. O medalla de oro o no juego*).

- Debemos identificar las causas que hay detrás de la procrastinación para trabajar sobre ellas y controlarlas para alcanzar o mejorar nuestros objetivos.

3.3. Cero parásitos

Un parásito es algo que nos consume energía y que aun así toleramos. Algo que depende de nosotros y que podríamos suprimir. El parásito puede ser algo sencillo que nos consume poco, como el hecho de no cambiar una bombilla o algo que nos consume mucho, como relaciones complicadas con un colega pesimista y negativo.

Para comprender este objetivo de "cero parásitos" podemos utilizar la **analogía de la manguera**. Imaginemos que la manguera esta perforada. Peor aún, cada día, seguimos haciendo nuevos agujeros en la manguera a medida que se nos acumulan cosas que nos quitan la energía (el agua de la manguera). La manguera acaba siendo un colador. ¿Resultado? La presión disminuye cada vez más hasta tal punto que apenas llega agua para regar las plantas.

En nuestra vida diaria, aceptamos esas fugas de agua, sufrimos esas pérdidas de energía. Por efecto acumulativo, este modo de funcionar acaba por consumir toda nuestra energía vital y apenas somos conscientes de ello.

⇨ No dejemos escapar nuestra energía vital.

⇨ Dejemos de sufrir con situaciones que podríamos cambiar.

⇨ No toleremos sin reaccionar, seamos proactivos.

⇨ Pasemos a un estado de tolerancia cero: cero molestias, cero interferencias.

 Encuentra tus propios parásitos en los siguientes ámbitos:

▶ Trabajo.

▶ Hogar.

▶ Familia.

▶ Amistades.

3.4. La asertividad

3.4.1. Introducción

Para tener un papel más activo en la gestión de nuestro tiempo y tomar libremente las mejores decisiones para aprovecharlo al máximo, es fundamental que aprendamos a mantener un **estilo de comunicación asertivo** que nos permita hacer frente a las presiones grupales, críticas manipulativas, ladrones del tiempo y nos ayude a centrarnos en lo que realmente queramos hacer.

Estas presiones que dificultan el uso libre de nuestro tiempo las sufren en mayor medida las mujeres. Tradicionalmente, se ha educado a las mujeres para que antepongan las necesidades y cuidado de los demás a sus propias necesidades. Es frecuente que, socialmente, se refuercen estas conductas de entrega altruista y sacrificio.

Tener tiempo realmente propio para que una mujer cuide de sí misma y pueda atender sus propias necesidades es fundamental, y no debería vivirse con culpabilidad. En ese sentido, la asertividad puede convertirse en una herramienta muy útil para corregir la **distribución desigual del uso del tiempo por razones de género**, porque las mujeres pueden dedicar menos tiempo a ellas mismas que a los hombres.

La **asertividad** se puede contemplar como un recurso más dentro de las llamadas "habilidades sociales" y, por ello, además de ser una herramienta personal que nos ayuda a gestionar nuestro tiempo, también hace que mejore la calidad de nuestras relaciones personales. Como cualquier habilidad, **se puede entrenar y mejorar** hasta formar parte del repertorio de capacidades de una persona.

Para ser **personas asertivas**, la clave está en defender tus derechos sin invadir los derechos de los demás: manifestar lo que se piensa y siente sin ofender a los otros, o saber expresar nuestros sentimientos de manera clara, sencilla y decir NO de una manera adecuada, sin dañar los sentimientos de los demás.

3.4.2. Posiciones pasiva, asertiva y agresiva

Toda **comunicación verbal** va **acompañada de la comunicación no verbal**: gestos, miradas, movimientos, etc., que han de ser congruentes con lo que decimos, si no, no funcionaría esta comunicación, al crear desconcierto con nuestro interlocutor o interlocutora. Quedaría realmente extraño dar una respuesta asertiva mirando al suelo y murmurando.

Veamos las correspondencias entre lenguaje verbal y no verbal en las posiciones asertiva, pasiva y agresiva.

A) Pasiva

Se caracteriza por: demasiado poco, demasiado tarde, nunca.

- Conducta no verbal:
  - ⇨ Ojos mirando hacia abajo.
  - ⇨ Tono vacilante o de queja.
  - ⇨ Voz baja.
- Efectos:
  - ⇨ Conflictos interpersonales.
  - ⇨ Depresión.
  - ⇨ Autoimagen pobre.
  - ⇨ Pérdida de oportunidades.

B) Agresiva

Se caracteriza por: demasiado, demasiado pronto, demasiado tarde.

- Conducta no verbal:
  - ⇨ Mirada fija.
  - ⇨ Voz alta, intimidatoria.
  - ⇨ Gestos amenazantes.
- Efectos:
  - ⇨ Conflictos interpersonales.
  - ⇨ Culpa.
  - ⇨ Frustración.
  - ⇨ Autoimagen pobre.
  - ⇨ Daño a las demás personas.

C) Asertiva

Se caracteriza por: conductas apropiadas y suficientes en el momento correcto.

- Conducta no verbal:

    ⇨ Contacto ocular directo.

    ⇨ Habla fluida.

    ⇨ Gestos firmes.

- Efectos:

    ⇨ Resolución de problemas.

    ⇨ Sin conflictos internos o interpersonales.

    ⇨ Sentimientos: satisfacción y control.

3.4.3. Técnicas de respuesta asertiva

En muchas ocasiones, es difícil mantener una comunicación asertiva. Para esto existen unas técnicas muy útiles, pero solo sirven si se practican habitualmente. A continuación, presentamos las más frecuentes.

▶ **Técnica del disco roto o rayado**

Repetir con tranquilidad nuestra opinión sin discutir y sin atacar a nadie. De este modo, la otra persona se acaba cansando de decir todo el rato lo mismo.

Sí, ya oigo lo que me dices, pero mi punto de vista es...

Sí, pero yo decía...

▶ **Técnica de ignorar**

Aplazar nuestra respuesta para más tarde porque nuestro interlocutor o interlocutora muestra enfado y no nos deja defendernos.

Veo que estás muy enfadado/a, así que mejor que lo dejemos para luego.

▶ **Técnica del acuerdo asertivo**

Responder a la crítica reconociendo que se ha cometido un error, pero separándolo del hecho de ser una buena o mala persona. Admitir el error, pero separar el hacer del ser.

 *Sí, ya sé que esto no lo hice bien, pero normalmente no lo suelo hacer.*

▶ **Técnica de la pregunta asertiva**

Interrogar a quien nos critica con preguntas que nos ayudan a entender su punto de vista y el motivo de su crítica.

 *Entiendo que no te gustara mi forma de actuar, pero, en sí, ¿qué es lo que te molestó? ¿Qué hay en mi forma de hablar que te desagrada?*

▶ **Técnica de la claudicación simulada o banco de niebla**

Mostrase de acuerdo con la postura de la otra persona, pero sin que nosotras cambiemos la nuestra. Aparentamos ceder terreno sin cederlo realmente.

 *Es posible que tengas razón, no debería haber...*

3.5. Tiempo para trabajar y para vivir

3.5.1. Introducción

Para poder introducirnos en este tema habría que hacer unas reflexiones previas, para ello lee la siguiente historia:

Un hombre de negocios estaba en un embarcadero de un pueblecito costero, cuando llegó una barca con un solo tripulante y varios soberbios atunes. El hombre de negocios felicitó al pescador por la calidad del pescado y le preguntó cuánto tiempo había tardado en pescarlos, el pescador replicó: "Oh, solo un ratito". Entonces el hombre de negocios le preguntó por qué no se había quedado más tiempo para coger más peces. El pescador dijo que ya tenía suficiente para las necesidades de su familia.

El hombre de negocios volvió a preguntar: "¿Y qué hace usted, entonces, con el resto de su tiempo?" El pescador le contestó: "Duermo hasta tarde, pesco un poco, juego con mis hijos, duermo la siesta con mi mujer, voy cada tarde al pueblo a tomar unas copas y a tocar la guitarra con los amigos. Tengo una vida plena y ocupada, señor".

El hombre de negocios dijo con tono burlón: "Soy graduado en Harvard, le podría echar una mano. Debería dedicar más tiempo a la pesca y con las ganancias comprarse una barca más grande. Con los beneficios que le reportaría, podría comprar varias barcas. Con el tiempo podría hacerse con una flotilla de barcas de pesca.

En vez de vender su captura a una persona intermediaria se la podría vender al mayorista; incluso podría llegar a tener su propia fábrica de conservas. Controlaría el producto, el producto industrial y la comercialización. Tendría que irse de este pueblecito a mudarse a un pueblo más grande. Luego a la capital, donde dirigiría su propia empresa en expansión.

- Pero, señor, ¿cuánto tiempo tardaría todo eso?

- De quince a veinte años.

- Y luego, ¿qué?"

El hombre de negocios soltó una carcajada y dijo que eso era la mejor parte:

⇨ "Cuando llegue el momento oportuno, puede vender la empresa en bolsa y hacerse muy rico. Ganaría millones.

⇨ ¿Millones, señor? Y luego, ¿qué?

⇨ Luego se podría retirar. Irse a un pequeño pueblo costero donde podría dormir hasta tarde, pescar un poco, jugar con sus nietos, hacer la siesta con su mujer e irse de paseo al pueblo por las tardes a tomar unas copas y tocar la guitarra con sus amigos..."

Dándonos tiempo a reflexionar sobre el texto anterior, podemos hacernos las siguientes preguntas:

▶ ¿Anteponemos nuestra vida familiar, nuestro ocio, nuestro tiempo libre por el trabajo?

▶ ¿Tenemos en cuenta lo que verdaderamente queremos y lo que necesitamos?

▶ ¿Necesitamos aspirar a más para ser felices? ¿Sabemos poner límites?

▶ ¿Disfrutamos de nuestro tiempo libre?

Seguro que de las conclusiones que hayas llegado podrías elegir una opción del siguiente dicho: "Trabajar para vivir o vivir para trabajar".

En un porcentaje muy elevado de personas se puede comprobar que vivimos para trabajar, con lo que acarrea dicha situación: estrés, fatiga, falta de rendimiento, malestar, mala planificación del ocio y tiempo libre, etc.

Es por todo ello por lo que cada vez más empresas apuestan por poner en marcha medidas de cara a la conciliación de la vida laboral y familiar.

3.5.2. Diferencias de uso del tiempo de hombres y mujeres

¿Cómo se distribuyen las tareas? Esta encuesta de empleo del tiempo del INE nos puede dar una idea del reparto en distintos espacios.

Porcentaje de personas que realizan la actividad en el transcurso del día y duración media diaria (DMD) en horas y minutos

	Varones			Mujeres		
	Personas (%)	DMD horas	DMD minutos	Personas (%)	DMD horas	DMD minutos
Cuidados personales	100	11	33	100	11	26
Trabajo remunerado	38,7	7	55	28,2	6	43
Estudios	12,5	5	13	12,7	5	5
Hogar y familia	74,7	2	32	91,9	4	29
Trabajo voluntario y reuniones	9,4	2	10	14,8	1	51

Como ocurre con el trabajo en el espacio público, en el trabajo doméstico se constata también la existencia de "paredes de cristal", de forma que **el trabajo** de mujeres y hombres **se encuentra sectorializado.**

La participación de los hombres es mayor en el cuidado de la familia y en las actividades asociadas al abastecimiento doméstico de bienes o servicios, pero parece existir una barrera invisible que impide su participación las denominadas tareas del hogar, que son precisamente las labores que absorben la mayor proporción del tiempo destinado al trabajo doméstico.

Los cuidados personales tienen una distribución de tiempo prácticamente igual para hombres (11 horas y 33 minutos) que para las mujeres (11 horas y 26 minutos), por lo que en ambos casos están dentro de la media y no presentan diferencias significativas.

En cuanto al trabajo remunerado, los hombres dedican más tiempo a este (38,7% de los hombres) que las mujeres (28,2%). Es decir, los hombres permanecen más tiempo en el lugar de trabajo, por lo que se deduce que sus jornadas son de mayor duración.

Sin embargo, con relación a los estudios ambos dedican prácticamente el mismo tiempo, cuya media es de 5 horas y 9 minutos. Esto último puede estar relacionado con el hecho de que la media de horas se refiere a la edad de estudiante, en la cual no se encuentran diferencias significativas entre hombres y mujeres que se están cursando estudios.

Los desplazamientos son responsables de gran parte del consumo de tiempo cotidiano y una actividad para desarrollar otra (el trabajo) y su distribución es bastante parecida entre hombres y mujeres, si no prácticamente igual.

Existen grandes diferencias entre hombres y mujeres con relación a la dedicación a la casa y a la familia. Si los hombres dedican una media de 2 horas y 32 minutos a las responsabilidades relacionadas con el ámbito privado, la dedicación asciende a 4 horas y 29 minutos para las mujeres.

En vista del dato aportado, no cabe duda de que las mujeres son las que siguen asumiendo la mayor parte de las responsabilidades relacionadas con el hogar y el grupo familiar. Aunque, como señala el INE "el impacto sobre la participación en el mercado de trabajo cuando existen hijos es muy diferente en hombres y mujeres, lo que es reflejo no solo de un desigual reparto de responsabilidades familiares, sino también de la falta de servicios para el cuidado de niños o servicios muy caros y la falta de oportunidades para conciliar trabajo y familia".

Se puede definir a las mujeres como "expertas en cronometrar la vida diaria" ya que compaginan ámbitos fundamentales para el desarrollo de la vida en familia, dedicando mayor proporción de tiempo al hogar que los hombres.

Otra de las grandes diferencias entre hombres y mujeres reside en el tiempo dedicado a las ayudas informales y al denominado **tiempo libre**. En el caso del trabajo voluntario y reuniones, los hombres son los que dedican más tiempo a estas tareas (19 minutos de diferencia con las mujeres, las cuales dedican una hora y 50 minutos).

4. El concepto de conciliación

4.1. Definición

Un problema importante de nuestra sociedad es el enfrentamiento que existe entre el desarrollo de la vida familiar y personal y el desarrollo de la vida profesional y, por tanto, de la necesidad de armonizar ambos.

> La conciliación personal, familiar y laboral se puede definir como la participación equilibrada entre mujeres y hombres en la vida familiar y en el mercado de trabajo, conseguida a través de la reestructuración y reorganización de los sistemas, laboral, educativo y de recursos sociales, con el fin de introducir la igualdad de oportunidades en el empleo, variar los roles y estereotipos tradicionales, y cubrir las necesidades de atención y cuidado a personas dependientes.

Conciliar la vida personal, familiar y laboral es un derecho de la ciudadanía y una condición fundamental para garantizar la igualdad entre mujeres y hombres.

4.1.1. ¿Qué garantiza la conciliación personal, familiar y laboral?

▶ Que padres y madres puedan acceder al mercado de trabajo y permanecer en él, sin que su situación familiar sea un elemento que afecte negativamente a las posibilidades de acceso al empleo o al acceso a puestos de responsabilidad.

▶ Que los hijos e hijas puedan ser cuidados y educados por sus progenitores.

▶ Que las personas dependientes puedan ser atendidas por sus familias cuando ellas así lo deseen y sea posible atenderlas.

La conciliación personal, familiar y laboral facilita que cualquier persona trabajadora pueda mantener, al mismo tiempo, una carrera profesional plena y a la vez ejercer su derecho al cuidado de su familia, el desarrollo de su personalidad, su formación o el disfrute de su ocio y tiempo libre.

4.1.2. ¿Quiénes deben participar en la conciliación de la vida personal, familiar y laboral?

• **Las familias**

Hombres y mujeres compartiendo equitativamente el reparto de las responsabilidades domésticas y familiares, rompiendo de esta manera los roles de género preestablecidos. Esto es, la corresponsabilidad sobre la distribución del tiempo. Del mismo modo, los hijos e hijas deberán participar también en las tareas domésticas y familiares acordes a su nivel de responsabilidad y desarrollo.

- **Las empresas**

Aplicando políticas de igualdad e implantando medidas de conciliación laboral, personal y familiar entre sus plantillas.

- **Las Administraciones Públicas**

Apoyando la igualdad de oportunidades entre mujeres y hombres, y diseñando políticas públicas familiares.

- **Los sindicatos**

Impulsando la inserción de medidas de conciliación personal, familiar y laboral en la negociación colectiva.

- **Los trabajadores**

Ejercitando su derecho a la conciliación de una forma responsable.

La preocupación por conseguir unos niveles razonables de conciliación personal, familiar y laboral es un fenómeno en alza, tanto que ha pasado a un primer plano en las agendas de las Administraciones, agentes sociales y empresas ya que la dificultad de conciliar ambos espacios tiene consecuencias mucho más profundas.

Los efectos negativos de la dificultad de conciliar la vida privada y familiar con la laboral repercuten no solo en la calidad de vida de las personas trabajadoras, sino que también afectan a toda la estructura social, y a la economía.

La disminución del índice de natalidad, que se encuentra entre los niveles más bajos de las últimas décadas, el envejecimiento de la población, la disponibilidad de una mano de obra cualificada y productiva o la retención del talento, entre otros factores, se asocian cada vez con más frecuencia a los problemas de conciliación.

Así pues, se hace necesario adaptar nuestra sociedad a las necesidades que impone la conciliación, pero esto no es un asunto que únicamente afecte a las instituciones públicas y a las familias, las empresas no pueden aislarse del medio social en el que operan y, por ello, tienen una obligación moral en este sentido, pero a la vez tienen un interés económico.

Los **problemas de conciliación** de la vida personal y familiar afectan negativamente a las empresas, ya que se traducen habitualmente en problemas de salud de sus trabajadores (estrés o falta de concentración), desmotivación, absentismo, fuga de talentos, lo que repercute directamente en la productividad.

Las empresas han de asumir el desafío de la conciliación diseñando modelos organizativos que faciliten a sus plantillas recursos para que puedan afrontar sus obligaciones laborales y familiares de forma equilibrada garantizando de esa manera la rentabilidad económica de la organización.

Las empresas desempeñan un papel clave en la conciliación familiar y laboral, por ello:

⇨ Han de facilitar la conciliación familiar y laboral a sus plantillas a través del uso de diferentes medidas orientadas a mejorar la calidad de vida de las personas.

⇨ Han de incorporar nuevas formas de organización del trabajo y gestión del tiempo que permitan compatibilizar la vida laboral y familiar.

⇨ Han de realizar un cambio en la cultura empresarial, incorporando la conciliación como una parte más de la gestión, no solo desde la óptica de la responsabilidad social, sino también como una estrategia que favorece la motivación del personal, atrae y retiene el talento en las organizaciones, mejora el rendimiento y, por tanto, ayuda a mejorar los objetivos de las empresas, que se convierten en organizaciones más eficientes y rentables.

4.2. Beneficios de la conciliación

4.2.1. Incremento de la productividad

Las medidas de conciliación personal, familiar y laboral ayudan a las empresas a mejorar la organización del trabajo, a la vez que incrementan su productividad y competitividad.

No se trata de trabajar más, sino de trabajar mejor.

Las **políticas de conciliación**, en la medida que mejoran el clima laboral y la motivación de los empleados, a la vez que reducen el absentismo, repercuten de forma decisiva en la productividad del trabajo.

Aunque se suele asociar una jornada laboral más larga a una mayor productividad, existe una relación negativa entre ambos. A más horas trabajadas tiende a disminuir el aprovechamiento de cada una de ellas. De hecho, diversos estudios sobre recursos humanos aseguran que "a partir de las 7 horas al día no hay productividad en el trabajo".

Es lo que se llama el **presentismo**, en oposición al concepto de absentismo. El presentismo hace alusión al hecho de estar físicamente presente en el puesto de trabajo, pero mentalmente ausente.

Otros estudios sobre conciliación personal, familiar y laboral demuestran que las políticas de conciliación aumentan el compromiso con la empresa, al reducir la presión laboral y el estrés y aumentando, consecuentemente, la satisfacción profesional y personal.

Según un estudio de la Unión Europea, los países europeos con una menor jornada laboral son los más productivos. Países como Alemania, Bélgica, Holanda o Francia, que cuentan con jornadas laborales más cortas, tienen mayor productividad por hora trabajada. España se encuentra en los últimos puestos entre países como Grecia, Portugal e Italia.

4.2.2. Reducción del absentismo

Uno de los principales problemas para una empresa es el **absentismo**. Cuando los trabajadores o trabajadoras abandonan su puesto, supone una reducción de la productividad para la empresa. Contrariamente a lo que se suele pensar, muchas de estas ausencias pueden deberse a causas justificables y no a falta de profesionalidad.

Un porcentaje elevado del absentismo es **consecuencia de la inflexibilidad de los horarios laborales**. Para muchos trabajadores y trabajadoras el absentismo se convierte en la única solución para poder hacerse cargo en momentos puntuales de sus responsabilidades familiares e imprevistos de sus vidas personales.

Ser una empresa flexible que facilita la **conciliación personal, familiar y laboral** puede hacer que las personas trabajadoras que tengan responsabilidades de cuidado de menores o de personas adultas dependientes puedan cumplir con sus obligaciones laborales sin tener que incurrir en situaciones asimilables como absentismo laboral.

Las empresas que ofrecen medidas de conciliación a sus plantillas mediante cambios en la organización del trabajo **reducen hasta un 30% el nivel de absentismo** [Índice IFREI y estudio *Experiencias en organización del tiempo de trabajo en las empresas de Cataluña* (análisis de 600 empresas)].

Por ejemplo, entre las **mujeres embarazadas** que cuentan con flexibilidad laboral hay menos absentismo, trabajan hasta fechas más cercanas al parto, trabajan más horas fuera del trabajo sin remuneración y retornan con mayor frecuencia a su puesto de trabajo después de las semanas de baja posteriores al parto (Estudio Universidad Carlos III).

Cuanta más flexibilidad, más capacidad de trabajo.

4.2.3. Retención del talento

Tres de cada cuatro personas buscan trabajar en empresas flexibles. Probablemente, una de las mayores aspiraciones de una empresa es surtir su plantilla con profesionales capaces y eficientes.

A menudo, cumplir este objetivo conlleva un largo proceso de **formación** y provisión de **experiencia**, en el que **la empresa invierte tiempo y esfuerzo** (tanto económico, como físico de las personas que lo llevan a cabo). Por eso, entre los planes estructurales de toda organización debe estar el de asegurar que esas personas formadas en el seno de la empresa se mantuvieran fieles a ella. Esto no se consigue sino haciendo que se sientan a gusto.

Puesto que la razón principal de un empleo es servir a la vida personal de las personas, estas siempre buscarán ese puesto de trabajo que mejor les permita desarrollarse laboral y extralaboralmente. Y aquí es donde la conciliación se muestra como un conjunto necesario de medidas.

Las medidas de conciliación hacen que el coste de oportunidad para cambiar de empresa sea mayor, es decir, si un trabajador abandona la empresa, perdería una serie de ventajas que es posible que no existan en otras compañías. Este mismo razonamiento sirve, asimismo, para atraer el talento, en este caso no a través de salarios altos, sino ofreciendo condiciones de trabajo más atractivas.

Las **medidas de conciliación** nos ayudarán a evitar la fuga de talentos, sobre todo del personal más cualificado y evitar los costes derivados de la búsqueda y formación de nuevo personal que sustituya a la persona que ha abandonado la empresa.

La falta de medidas de conciliación multiplica por 6 el riesgo de que una persona clave abandone la empresa (Fuente IESE), por lo que las empresas que no las ofrecen corren el riesgo de perder a sus empleados clave, que buscarán organizaciones que les posibiliten una mayor flexibilidad.

Uno de los principales problemas para las empresas es la dificultad para encontrar empleados clave.

4.2.4. Mejora del ambiente laboral

Las **relaciones interpersonales** no son algo que solo dependa de los elementos que toman parte directa en ellas. Existe cierta cantidad de variables circunstanciales que influyen en cómo las personas se relacionan con su entorno, en este caso el entorno laboral. Estas variables van desde inquietudes momentáneas hasta el estado de ánimo, el cual influye mucho en la vida personal de las personas trabajadoras.

Las medidas de conciliación posibilitan compaginar la vida laboral, familiar y personal, lo que incide directamente en la calidad de vida de las personas. Según el estudio *Políticas de conciliación desde la perspectiva del empleador* realizado por la entonces Consejería de Empleo, Mujer e Inmigración de la Comunidad de Madrid, en colaboración con la Universidad Complutense, el 91,63% de la empresas creen que **la conciliación mejora el clima laboral**. Esto repercute en la mejora de las relaciones laborales y el clima laboral, mejorando la comunicación entre mandos y personas a su cargo, además de entre trabajadores de un mismo nivel.

En un ambiente en el que el trabajador se siente a gusto, en el que la relación con sus compañeros es fluida y cercana, el resultado de su trabajo tiende a ser mejor, además de que **se mejora la colaboración** entre los mismos.

Mejor situación personal = Mejor relación laboral.

4.2.5. Las medidas de conciliación son una inversión

Lo que la empresa da en conciliación, lo recibe de vuelta.

Desde el punto de vista de los empleadores y los cargos directivos se tiende a ver la conciliación como un sacrificio en el que la empresa da mucho y no recibe nada, pero lo cierto es que esto no es así. Aplicar **medidas de conciliación** beneficia tanto a los trabajadores, que las disfrutan directamente, como a la empresa, que se beneficia de sus efectos.

Sí es verdad que la implantación de algunas medidas supone un coste inicial para la empresa. En cualquier caso, no es sino una inversión amortizable a medio-largo plazo. Las **políticas de conciliación** han de verse como una **inversión estratégica**, ya que traen una serie de beneficios derivados de la forma en la que afectan al funcionamiento de la empresa. Entre otras cosas, mejoran la productividad y reducen costes de rotación, sustitución y de reincorporación.

Además, muchas medidas de conciliación, como las relativas a la flexibilidad en el tiempo de trabajo, suponen **coste cero** para la empresa. Por ejemplo, la reducción de los tiempos de comida, jornadas intensivas o trabajo compartido.

La coyuntura económica en la que nos encontramos requiere mantener unos niveles de productividad que no se pueden soportar si no se adoptan medidas nuevas, medidas que exigen una transformación en la mentalidad empresarial reticente a **introducir cambios** llamativos.

Estos cambios permitirían establecer un nuevo ritmo productivo al que al principio puede costar adaptarse, pero a la larga resulta beneficioso. Primero, porque algunos mínimos ajustes (reducción de jornada, política de luces apagadas) permiten ahorrar costes como alternativa a otro tipo de recortes y, segundo, porque a largo plazo mejoran la rentabilidad de la empresa.

4.2.6. Aumento de la implicación y compromiso de la plantilla

Cuida de tus empleados si quieres que ellos cuiden de ti. No son solo empleados, son personas.

⇨ Una empresa es una máquina en la que toda pieza cumple su cometido, todo elemento es importante. Y como en toda máquina, las piezas necesitan estar bien lubricadas para funcionar correctamente. En una empresa, el lubricante que mantiene a los trabajadores en buenas condiciones es la **motivación,** que se consigue de la manera más efectiva estimulando su implicación y su compromiso con los objetivos empresariales. No hay que olvidar que no son solo trabajadores, también son personas.

  ▶ Además, una persona trabajadora motivada, comprometida con la empresa y su futuro, siempre será más fácil de conservar. Las **personas** que **se sienten valoradas y respetadas** en su entorno laboral aumentan el compromiso y el sentimiento de pertenencia a la empresa, creándose un pacto implícito de "hoy por mí, mañana por ti".

⇨ Resumiendo, las empresas que facilitan medidas, servicios o herramientas para que los empleados puedan gestionar mejor no solo sus responsabilidades laborales, sino también las familiares y personales, mejoran su capacidad para motivar a su equipo consiguiendo una importante **ventaja competitiva** frente a su competencia, al conseguir atraer y retener el talento.

4.2.7.　Reducción de la rotación de los trabajadores

Las medidas de conciliación disminuyen hasta 6 veces el riesgo del abandono de la empresa por causas voluntarias.

El abandono de la empresa por parte de un trabajador es siempre un dato negativo. Aparte de la pérdida que significa en términos de capital humano, supone además un coste económico, así como esfuerzo y tiempo para buscar una persona que cubra de nuevo el puesto de trabajo vacante. Por eso, siempre es preferible para una empresa conservar a sus trabajadores.

Los costes de rotación son los originados por la necesidad de tener que sustituir a una persona que abandona la empresa, en la mayoría de los casos por insatisfacción o por problemas de conciliación. Este coste se cuantifica tanto en costes operativos: tiempo empleado en el proceso de búsqueda y selección del nuevo personal; como económico, debido a la disminución de productividad de la nueva persona contratada hasta que se familiariza con todos los aspectos de su puesto de trabajo.

4.2.8.　Fomento de la igualdad entre hombres y mujeres

La conciliación permite a las personas trabajadoras ser y ejercer de padres y madres. El germen de las medidas de conciliación personal, familiar y laboral se encuentra en un acontecimiento tan importante como es la **irrupción de la mujer en el mercado laboral**.

Cuando la mujer se incorpora al trabajo fuera de casa, el papel que tradicionalmente había desarrollado como encargada de las tareas domésticas empieza a quedar desatendido. Los primeros pasos que se dieron en el terreno de la conciliación tenían como objetivo permitir a las mujeres **compaginar** el trabajo en casa con el trabajo fuera de ella, especialmente debido a su figura como madre.

Sin embargo, estas medidas derivadas de un punto original de camino hacia la igualdad caen a veces en el error de seguir haciendo esa **brecha** aún más grande. A menudo, se tiene la percepción de que las medidas de conciliación están dirigidas exclusivamente al sector femenino, y esto provoca que, mientras la mujer se ha adaptado ya a un mundo antes reservado a los hombres, estos no toman ese relevo.

Por eso, el ejercicio de las medidas de conciliación por parte del sector masculino de los trabajadores no es un mero derecho de estos, sino que contribuye a que se encarguen de **tareas extra laborales** y reproductivas tradicionalmente desempeñadas por las mujeres, como el cuidado de los hijos/as.

4.2.9. Mejora de la imagen empresarial

La conciliación mejora la imagen del 90% de las empresas.

La **responsabilidad social corporativa** es un apartado de la estrategia comercial que no se percibe explícitamente en las acciones de una empresa, pero que, sin embargo, es de vital importancia, ya que condiciona sustancialmente la manera en que los clientes la perciben y, por tanto, se identifican con ella.

Este concepto se refiere al **conjunto de acciones** que la empresa emprende con un propósito aparentemente altruista, pero cuyos objetivos son esencialmente comerciales. Estas acciones suelen estar orientadas al apoyo a algún tipo de colectivo o causa, lo cual consigue mejorar la imagen de marca.

De esta manera, cuando una empresa implanta medidas de conciliación, aparte de los motivos de responsabilidad que puedan existir, lo que está consiguiendo es que la clientela la perciba como una empresa preocupada y comprometida con el bienestar de las personas que ahí trabajan, lo que se denomina **empresa familiarmente responsable**. Resulta lógico pensar que una mejora en la imagen de la empresa repercutirá positivamente en los resultados comerciales de la misma.

5. La conciliación como herramienta para la igualdad

5.1. Corresponsabilidad en la conciliación

El ámbito de la conciliación no es un asunto de mujeres, ni se refiere solo a hacer compatible trabajo y familia. Aparece la necesidad de buscar un **equilibrio entre trabajo y vida personal**, y la necesaria participación de los hombres en el espacio privado asumiendo el reparto de las responsabilidades familiares y personales.

La responsabilidad con respecto a hijos/as es una responsabilidad compartida entre ambos progenitores, independientemente del sexo. La corresponsabilidad consiste en el reparto igualitario de las tareas y las responsabilidades familiares entre todas las personas que convivan en familia: los dos miembros de la pareja, hijos e hijas y otros familiares.

La corresponsabilidad o el reparto de responsabilidades no es una actitud de ayuda, sino que se define como la distribución equilibrada en el seno del hogar de las tareas domésticas, el cuidado de personas dependientes, los espacios de educación y trabajo, permitiendo a sus miembros el libre y pleno desarrollo de opciones e intereses, contribuyendo a alcanzar la igualdad real y efectiva entre ambos sexos.

5.2. Necesidad de la corresponsabilidad

Como vimos en el epígrafe anterior, la corresponsabilidad es necesaria para poder alcanzar una igualdad efectiva entre mujeres y hombres y eliminar las dificultades que encuentran las mujeres para poder mantenerse en el mercado laboral.

Hasta hace unas décadas, las mujeres se dedicaban tradicionalmente al trabajo reproductivo o doméstico, que incluye las tareas domésticas (lavar, cocinar, planchar, etc.), el cuidado y educación de hijos e hijas, el cuidado de familiares dependientes..., mientras que los hombres tenían un trabajo productivo o remunerado fuera de casa. Este importante **trabajo** que las mujeres han venido realizando **en el ámbito doméstico** no se ha considerado un trabajo y aún hoy sigue asociándose como algo propio de las mujeres.

Paulatinamente, las mujeres se han ido incorporando al mercado laboral o trabajo productivo, pero no ha ocurrido lo mismo o en la misma medida en el caso de la entrada de los hombres en el espacio doméstico. Si bien los hombres comienzan a incorporarse a las tareas domésticas y el cuidado de la familia, en muchos casos lo hacen desde una **actitud de ayuda y no de corresponsabilidad**.

Esta situación ha provocado que las mujeres trabajadoras se vean obligadas a tener una doble jornada o presencia, al tener que alargar las horas de trabajo una vez finalizan su jornada en la empresa, para seguir ocupándose del resto de tareas domésticas y de la atención de las responsabilidades familiares cuando llegan a casa. Esta **desigualdad en el uso del tiempo** tiene efectos negativos en la salud y la calidad de vida de las mujeres.

Por eso es necesario pasar a un **reparto equilibrado de las responsabilidades domésticas y familiares** con el objetivo de distribuir de forma justa los tiempos de vida de mujeres y hombres.

Las personas trabajadoras también tienen un papel fundamental para lograr la conciliación familiar y laboral, siendo corresponsables en tres ámbitos:

- **En el de la pareja:** hombres y mujeres han de hacer un uso igualitario de sus derechos legales para el cuidado de sus hijos y familiares dependientes.

- **En el de la familia:** compartiendo en igualdad las responsabilidades domésticas y familiares.

- **En el del trabajo:** ejercitando el derecho a la conciliación familiar y laboral de una forma responsable.

5.3. Ventajas de la corresponsabilidad

5.3.1. Beneficios de la corresponsabilidad para la empresa

Los conceptos de conciliación y de corresponsabilidad son conceptos distintos, pero complementarios.

⇨ **Conciliación**

La conciliación de la vida personal, familiar y laboral permite hacer compatibles diferentes aspectos de un proyecto de vida, articular de una manera adecuada el desempeño laboral, el ámbito familiar y el resto de las actividades, dimensiones o esferas a las que se denomina ámbito personal.

Es, en definitiva, la posibilidad que tienen las personas de hacer compatibles intereses, obligaciones y necesidades consideradas desde una visión integral.

⇨ **Corresponsabilidad**

El concepto de corresponsabilidad da un paso más ya que conlleva que mujeres y hombres se responsabilicen de las tareas domésticas, del cuidado y atención de hijas e hijos u otras personas dependientes y, por tanto, implica superar la dicotomía público/privado, donde el espacio público está reservado para los hombres y el espacio privado/doméstico para las mujeres. Además, supone que tanto mujeres como hombres puedan dedicar su tiempo tanto al trabajo remunerado como al personal y doméstico, y disponer de tiempo propio.

Si mujeres y hombres comparten las esferas productiva y reproductiva es necesario implantar medidas de conciliación que les permitan compatibilizarlas. Para evitar el efecto perverso que actualmente adquieren las **medidas de conciliación sobre las condiciones del empleo de las mujeres** se hace necesario que las medidas de conciliación se utilicen de forma corresponsable, es decir, deben emplearse por los hombres en la misma proporción que las mujeres.

Por ejemplo, optar a jornadas parciales para compatibilizar trabajo y familia con el consiguiente menoscabo de su capacidad adquisitiva y reducción de sus cotizaciones, lo que implica a su vez una disminución de la cuantía de sus prestaciones y pensiones contributivas, en caso de tener que optar a ellas.

Las organizaciones laborales forman parte de este proceso pudiendo introducir cambios en su cultura empresarial orientados hacia una **conciliación corresponsable**, incidiendo en el acercamiento de las medidas existentes a los hombres y garantizando así el derecho a la conciliación de mujeres y hombres.

La implantación de medidas de corresponsabilidad aporta beneficios tanto para la empresa como para las personas que en ella trabajan y para la sociedad en general. Veamos primero los **beneficios para la empresa:**

▶ **Aumento de la productividad**

Gestionar la conciliación en una empresa implica una nueva manera de gestionar los tiempos de trabajo: si los tiempos son más flexibles se reducen los tiempos muertos o poco productivos y se planifican las tareas según la consecución de los objetivos y no de la mera presencia en el puesto de trabajo.

Esta manera flexible de gestión repercute en una optimización de los recursos y una mejora en los resultados empresariales.

▶ **Reducción del absentismo**

El absentismo laboral es uno de los mayores obstáculos de las empresas a la hora de mejorar su productividad. Un porcentaje elevado del absentismo es debido a la inflexibilidad de los horarios laborales.

Las empresas que ofrecen medidas de conciliación ven reducido en un amplio porcentaje su nivel de absentismo, ya que sus trabajadores pueden organizar sus tiempos de trabajo y dar respuesta a las responsabilidades de su vida familiar y personal que, por el contrario, con horarios rígidos no podrían compatibilizar.

▶ **Mejora el ambiente de trabajo**

La plantilla en una empresa con medidas de conciliación está menos estresada y más equilibrada. Como consecuencia mejoran las relaciones laborales y el clima laboral.

La mejora del ambiente de trabajo favorece el trabajo en equipo cooperativo y eficaz, aumenta la motivación del personal y el compromiso con los objetivos que se persiguen.

▶ **Son una inversión para la empresa, que lo recupera con mayores beneficios**

Las medidas de conciliación pueden ocasionar gastos a las empresas, tanto económicos como organizativos, si bien, muchas de estas medidas son de coste cero o mínimo.

En todo caso, en el supuesto de que la puesta en marcha de medidas de conciliación y corresponsabilidad suponga un desembolso para la empresa, deberíamos hablar de una inversión y no de un gasto, ya que con la puesta en marcha de estas medidas mejora la calidad de vida de las personas y, a cambio, las empresas ven aumentada su productividad, competitividad y eficiencia y con ello sus beneficios y rentabilidad. Calcular esta rentabilidad en ocasiones es difícil, dado que es fundamentalmente cualitativa. No obstante, la mayoría de las empresas son conscientes de su importancia.

▶ **Aumenta la implicación y el compromiso de la plantilla**

La imagen que una empresa transmite internamente a sus empleados es fundamental para que estos se impliquen con su empresa.

Esta implicación conlleva el sentirse parte de ella, considerar su cultura, misión y valores como propios. Comprometerse con la gestión de la misma es una parte fundamental para conseguir una trayectoria empresarial óptima.

Para conseguir esta implicación y compromiso, cada persona trabajadora debe sentir que se le valora y se le considera una pieza fundamental de la empresa. Las medidas de conciliación consiguen este objetivo: una plantilla satisfecha que considera que su empresa apuesta por el equilibrio de sus responsabilidades familiares y personales y no solo de las laborales.

▶ **Reducción de la rotación del personal**

El grado de rotación en una empresa muestra en buena medida el grado de satisfacción de la plantilla con la misma. La rotación de personal conlleva costes para las empresas ya sea por la pérdida de talento o por la búsqueda y formación del nuevo personal que sustituya al que abandona la empresa.

Uno de los elementos fundamentales para evitar la marcha de personal y favorecer la retención del talento es la puesta en marcha y desarrollo de medidas que posibiliten compatibilizar la vida laboral con la familiar y personal.

▶ **Mejoran la imagen externa de la empresa**

Las empresas con medidas de conciliación ven mejorada su imagen de marca, con lo que obtienen un mayor reconocimiento público y prestigio social.

La conciliación fortalece y transmite la imagen de compromiso de la empresa con sus empleados y la sociedad y se convierte así en un elemento diferenciador de la competencia.

▶ **Favorecen la igualdad entre mujeres y hombres**

Las medidas de corresponsabilidad rompen con la percepción de que la conciliación es cosa de mujeres.

Las empresas que fomentan el uso de las medidas por parte de los hombres han realizado un avance importante en materia de igualdad: el uso de las medidas a su disposición no es un mero derecho de ellos, es una contribución para que los hombres se encarguen de tareas del ámbito familiar y privado que tradicionalmente desempeñaban exclusivamente las mujeres, como el cuidado de sus hijas/os, de sus progenitores y de personas dependientes.

5.3.2. Beneficios de la corresponsabilidad para el trabajador

• **Incrementa la calidad de vida**

Un buen equilibrio entre la vida familiar, personal y laboral forma parte de lo que, en la actualidad, se considera una buena calidad de vida.

Uno de los factores fundamentales para alcanzar este equilibrio es la existencia en la empresa de medidas de conciliación.

• **Disminuye el estrés personal**

La falta de tiempo provoca estrés que perjudica a la persona en todos los ámbitos de su vida: familiar, personal y laboral.

Una persona estresada ve disminuida su capacidad de resolver problemas, desciende la calidad de su trabajo, disminuye su productividad, aumenta las cuotas de siniestralidad laboral y los accidentes. La conciliación posibilita la flexibilización de los tiempos que conlleva, entre otros, la reducción de la ansiedad y el estrés.

- **Aumenta la estabilidad laboral y permite el desarrollo profesional de los trabajadores**

Conciliar permite compatibilizar la vida laboral con la familiar y la personal garantizando el cumplimiento de la igualdad a la hora de acceder a promoción y desarrollo profesional, independientemente de las responsabilidades familiares y personales, de tal manera que sus carreras profesionales no tengan que verse interrumpidas o abandonadas.

Esta renuncia suele recaer en las mujeres trabajadoras en mayor medida que en los hombres y uno de los objetivos de las medidas de conciliación es evitar este abandono profesional.

- **Disminuye la exclusión social**

La consecuencia del abandono de la vida laboral por incompatibilidad con la familiar y personal tiene como consecuencia el menoscabo económico y profesional de la persona que renuncia a su vida laboral y que puede abocar en situaciones de exclusión por falta de independencia, dificultades para reincorporarse laboralmente o merma de su capacidad económica a la hora de poder percibir prestaciones.

Las medidas de conciliación de las empresas y que estas sean utilizadas por hombres y mujeres, posibilita el desarrollo profesional de ambos, evitando el abandono de la vida laboral o la reducción de esta.

- **Posibilita tiempo para el enriquecimiento personal**

Facilitar la conciliación conlleva un nuevo reparto del tiempo donde el trabajo ya no cubre toda o casi toda la esfera horaria. Los empleados valoran el contar con tiempo que pueden invertir en disfrutar de otras actividades que permiten el desarrollo de otros ámbitos: familiar, personal y social.

Contar con este tiempo fomenta la consolidación de un nuevo modelo de convivencia familiar que conlleva mayor implicación por parte de los hombres en las tareas domésticas y responsabilidades familiares.

- **Mejora la autoconfianza, autoestima y equilibrio emocional**

La falta de tiempo y la incompatibilidad del tiempo laboral, con el personal y familiar ocasiona problemas y las medidas de conciliación son la herramienta para resolverlos, ya que afectan a su rendimiento y satisfacción, ayudándoles a adoptar una actitud constructiva en situaciones conflictivas, aumentando la autoconfianza, la autoestima y el equilibrio emocional.

5.3.3. Beneficios para la sociedad

Algunos beneficios de la corresponsabilidad para la sociedad, son:

⇨ Favorece la igualdad de oportunidades entre mujeres y hombres.

⇨ Favorece el reparto equitativo de las tareas domésticas y de cuidado entre los hombres y las mujeres.

⇨ Favorece el aumento demográfico y la calidad de vida.

⇨ Incrementa la tasa de actividad, aumenta la productividad y produce beneficios económicos.

⇨ Reduce el fracaso escolar.

⇨ Permite el crecimiento de nuevos sectores económicos.

⇨ Favorece un nuevo modelo de organización familiar y social que permite mayor sostenibilidad.

5.4. La corresponsabilidad en los planes de igualdad

Los **planes de igualdad** son la herramienta idónea para introducir la igualdad dentro de la gestión interna de las empresas. Su intervención debe ser progresiva con el objetivo de eliminar las posibles discriminaciones que se hayan detectado en la empresa en materia de igualdad de oportunidades entre mujeres y hombres.

Con la elaboración e implantación de un plan de igualdad las empresas optimizan sus recursos humanos, de tal modo que la actividad laboral se adjudica en función de la **capacidad de la persona**, eliminando los estereotipos de género existentes en el ámbito laboral y esto produce efectos positivos sobre la motivación y satisfacción del personal.

Las medidas de conciliación y corresponsabilidad incluidas en los planes de igualdad, si bien están formuladas dentro del eje "ordenación del tiempo de trabajo y conciliación de la vida laboral, familiar y personal", afectan a otros ejes del plan, mostrando de manera fehaciente como un conjunto ordenado de medidas de conciliación y corresponsabilidad acertadas y eficaces, incidirá y producirá efectos positivos en todos y cada uno de los ejes del plan.

Análisis de una medida de corresponsabilidad incorporada en planes de igualdad:

▶ MEDIDA

Acceso a promoción para hombres con responsabilidades familiares y de cuidado si se ha acogido a permisos, suspensión de contrato o excedencia.

▶ OBJETIVO

Fomentar el uso de medidas de corresponsabilidad entre los hombres de la plantilla.

▶ DESARROLLO DE LA MEDIDA

A igualdad de mérito y capacidad entre hombres, adoptar la medida de acceder a los procesos de promoción para aquellos que hayan disfrutado de permisos, suspensiones de contrato o excedencias por cuidados de personas dependientes.

▶ EJE AL QUE AFECTA

Clasificación profesional y promoción.

▶ ANÁLISIS DE LA MEDIDA Y CONCLUSIONES

Nos detenemos con especial atención en las medidas que promueven la corresponsabilidad, es decir, compartir las responsabilidades familiares de modo que ningún miembro de la unidad familiar se sienta perjudicado en el ejercicio de sus derechos profesionales. Las medidas de conciliación, en la mayoría de los planes de igualdad, se dirigen de un modo más o menos concreto a las mujeres y, fundamentalmente, a las madres. El hecho de incorporar medidas de corresponsabilidad supone incorporar medidas de acciones positivas dirigidas a los trabajadores para que sean ellos quienes ejerzan los derechos asociados al cuidado de las personas dependientes. En este sentido, se señala que son muy pocos los planes de igualdad en los que aparece el término de corresponsabilidad y, si aparece, lo hace en la introducción, pero no en la incorporación de medidas específicas.

Para abordar el tema de la conciliación de la vida laboral y familiar, es indispensable hacer referencia a cómo se organiza el trabajo entre hombres y mujeres. Ambos realizan tareas de distinto tipo en las sociedades que se conocen.

Actualmente, se asiste a la formación de un nuevo ideal de familia, la familia denominada igualitaria o simétrica, con ambos cónyuges con empleo remunerado y compartiendo tareas domésticas.

Sin embargo, en el mundo de las prácticas sociales, la realidad cotidiana de las familias es muy distinta, persistiendo, aunque cada vez menos, el reparto desigual de tareas y responsabilidades entre hombres y mujeres.

La incorporación de la mujer al mercado laboral define un nuevo escenario respecto a la división sexual del trabajo. Se desdibuja la sólida relación de complementariedad existente entre la esfera productiva y reproductiva.

Conciliar implica cuestionar, primero y transformar, después, el modelo tradicional de división sexual del trabajo. Para las mujeres, trabajar fuera del hogar es una opción legítima, incluso apoyada por la sociedad, pero difícil de llevar a cabo. Los cambios en la composición de la fuerza de trabajo tienen sin duda una incidencia clara en la organización familiar.

Las habilidades personales de gestión del tiempo son esenciales para obtener la eficacia en los diferentes ámbitos de la vida. Las personas que usan estas técnicas de forma habitual son las que alcanzan los mayores logros tanto en el entorno personal como profesional.

Conciliar la vida personal, familiar y laboral es un derecho de la ciudadanía y una condición fundamental para garantizar la igualdad entre mujeres y hombres. Esta conciliación facilita que cualquier persona trabajadora pueda mantener al mismo tiempo una carrera profesional plena y a la vez ejercer su derecho al cuidado de su familia, el desarrollo de su personalidad, su formación o el disfrute de su ocio y tiempo libre.

Las medidas de conciliación personal, familiar y laboral ayudan a las empresas a mejorar la organización del trabajo a la vez que incrementan su productividad y competitividad.

La corresponsabilidad es necesaria para poder alcanzar una igualdad efectiva entre mujeres y hombres y eliminar las dificultades que encuentran las mujeres para poder mantenerse en el mercado laboral.

La implantación de medidas de corresponsabilidad aporta beneficios tanto para la empresa, como para las personas que en ella trabajan y para la sociedad en general.

UNIDAD DIDÁCTICA 2

Legislación y medidas para la conciliación. Ley 39/1999 (Ley de Conciliación). Ley Orgánica 3/2007 (Ley de Igualdad)

Introducción

Resumen

Los **objetivos** de esta unidad son:

1. Identificar los principales derechos de los trabajadores ante la implantación de las políticas de conciliación y los beneficios que supone para las empresas.

2. Conocer el Plan Concilia de aplicación en las Administraciones Públicas.

3. Entender la necesidad de implantar los planes de igualdad en las empresas en base a la Ley Orgánica de Igualdad.

Introducción

En los últimos años el ámbito familiar y laboral ha cambiado de forma radical e irreversible.

En este entorno, las empresas y las personas se enfrentan al reto de encontrar soluciones a preguntas no existentes hasta ahora: ¿cómo compaginar mejor trabajo y vida familiar y personal?, ¿cómo derribar las barreras creadas durante años para que las personas, hombres y mujeres, puedan desarrollarse profesionalmente?, ¿cómo gestionar el estrés?, ¿cómo negociar políticas de conciliación con la dirección o la representación de las personas trabajadoras?

Las respuestas a estas preguntas no solo representan un valor añadido para las empresas, sino que deciden su supervivencia a medio y largo plazo. La competitividad actual les exige encontrar la manera de gestionar y motivar a su trabajadores y trabajadoras de una forma satisfactoria.

La legislación y medidas para la conciliación apoyan a las empresas y a sus recursos humanos para encontrar el camino de mayor crecimiento y satisfacción empresarial y personal, y ayudan a los trabajadores a conocer sus derechos para compaginar sus obligaciones laborales con el disfrute familiar y el cuidado de los hijos.

1. Derechos, permisos, licencias y otros beneficios para los/as trabajadores/as

1.1. Normativa vigente

Hombres y mujeres se enfrentan al reto de compaginar sus obligaciones laborales con el disfrute familiar y el cuidado de los hijos. Las distintas políticas de conciliación nos acercan un poco más a alcanzar ese equilibrio. Sobre todo, si ponemos la atención en **dos leyes fundamentales** que son de obligatorio cumplimiento por parte de las empresas.

La Ley 39/1999, de 5 de noviembre, conocida como **Ley de conciliación familiar y laboral** en España , en su exposición de motivos, nos dice lo siguiente:

La necesidad de conciliación del trabajo y la familia ha sido ya planteada a nivel internacional y comunitario como una condición vinculada de forma inequívoca a la nueva realidad social. Ello plantea una compleja y difícil problemática que debe abordarse, no solo con importantes reformas legislativas, como la presente, sino con la necesidad de promover adicionalmente servicios de atención a las personas, en un marco más amplio de política de familia.

Esta Ley se completa con el **Real Decreto-ley 3/2012**, de 10 de febrero, de **medidas urgentes** para la **reforma del mercado laboral**.

Estas dos leyes suponen un paso más para la igualdad de oportunidades entre hombres y mujeres a la hora de conciliar. Gracias a la ampliación de los permisos de maternidad y paternidad, el cuidado de los hijos está más repartido.

Es cierto que desde la Unión Europea se han desarrollado una serie de directivas que obligan a los diferentes Estados a incorporar en sus legislaciones medidas para mejorar las condiciones de vida y empleo de los trabajadores. La normativa europea establece unos requisitos mínimos de obligado cumplimiento que cada país miembro debe luego adaptar y mejorar.

En España todavía estamos lejos de otras legislaciones europeas más pro-conciliación. Países como Finlandia o Suecia se sitúan a la cabeza a la hora de facilitar el trabajo con la familia a través de ventajas como una mayor flexibilidad en los horarios, el teletrabajo o estar menos horas en la oficina. Holanda y Dinamarca, por ejemplo, tienen jornadas de 29 y 34 horas semanales, mientras que en España la jornada estipulada es de 40 horas. Si hablamos de los permisos de maternidad y paternidad, Suecia lidera el ranking de días por permiso de maternidad y paternidad, por derecho se establecen 480 días (16 meses) que deben repartirse entre el padre y la madre. El padre está obligado a tomarse al menos 60 días. Noruega, por su parte, tiene regulado un permiso de 392 días (56 semanas) al 80% del sueldo o un permiso de 322 días (46 semanas) al 100%.

Si volvemos la mirada a nuestro país, a pesar de la brecha que existe con nuestros vecinos, podemos comprobar que se han producido mejoras en los últimos años.

1.2. ¿Qué son las medidas de conciliación?

Las medidas de conciliación son acciones dirigidas a crear condiciones que favorezcan que las personas trabajadoras puedan compatibilizar su vida personal y familiar con su vida laboral.

Surgen inicialmente como medidas de protección de las llamadas políticas familiares. Dichas políticas, a través de la regulación y configuración de los permisos por nacimiento, reducciones de jornada, excedencias y medidas similares, han intentado proteger los derechos de las personas trabajadoras y de sus hijos, y facilitar la conciliación.

Existen algunas reguladas de forma explícita por Ley, y que son directamente aplicables (permiso por nacimiento, reducción de jornada por cuidado de personas menores de edad, excedencia por cuidado de hijos/as...), y otras cuyo disfrute se circunscribe a los convenios colectivos o a la negociación interna de la empresa con su plantilla.

1.3. Principales medidas de conciliación para los trabajadores

1.3.1. Permiso de nacimiento

A lo largo de este epígrafe, haremos referencia a las **principales medidas de conciliación** a las que pueden acogerse las personas trabajadoras con el objetivo de realizar una conciliación corresponsable e igualitaria de la vida familiar, laboral y personal.

No obstante, en numerosos documentos resultantes de la negociación colectiva de diferentes sectores, las medidas que mencionamos a continuación son ampliadas e incluso pueden plantearse nuevas medidas adaptadas a las características del sector.

Desde el pasado 1 de enero de 2021 se igualó, por primera vez, el permiso por nacimiento y cuidado del menor para ambos progenitores que podrán disfrutar de 16 semanas de prestación, convirtiendo a nuestro país en uno de los más avanzados de nuestro entorno en cuanto a la equiparación de este permiso como ocurre en países como Suecia, Islandia o Dinamarca.

Este proceso para igualar ambos permisos de manera progresiva se recogió en el Real Decreto Ley de medidas urgentes para garantía de la igualdad de trato y de oportunidades entre mujeres y hombres en el empleo y la ocupación, aprobado en marzo de 2019.

Con la entrada en vigor de esta norma, el 1 de abril de 2019, el anteriormente llamado permiso de paternidad pasaba de 5 a 8 semanas para el resto del ejercicio, una duración que se aumentaba hasta las 12 semanas para todo 2020, antes de la equiparación a 16 semanas a partir de 2021. Un permiso de paternidad que tiene su origen en 2007, hasta ese momento estos progenitores sólo tenían dos días libres por nacimiento de hijo. Este permiso se estableció en 2 semanas, periodo que estuvo vigente hasta 2017 cuando se extendió a 4, para pasar a 5 semanas un año después.

AÑO	Duración del permiso (antes permiso de paternidad)	Semanas de obligatorio disfrute tras el nacimiento
Desde el 01/04/19	8 semanas	2 semanas
2020	12 semanas	4 semanas
2021	16 semanas	6 semanas

Hasta el 31 de diciembre de 2020, la madre podía ceder al otro progenitor un periodo de hasta dos semanas de su periodo de suspensión de disfrute no obligatorio (las seis semanas posteriores al parto deben de ser disfrutadas obligatoriamente por la madre sin que pueda cederlas al otro progenitor). Se justifica esta equiparación, en el caso de la madre biológica con la finalidad de asegurar la protección de su salud, y en el de la otra parte, la de cumplir los deberes de cuidado.

Desde el 1 de enero de 2021, cada progenitor disfruta de igual periodo de suspensión del contrato de trabajo, incluyendo seis semanas de permiso obligatorio para cada uno de ellos.

- **En los supuestos de adopción, guarda con fines de adopción o acogimiento**, la duración será de 16 semanas ininterrumpidas para cada parte adoptante, guardadora o acogedora, cuyas 6 primeras semanas serán tras la fecha de la resolución judicial o decisión administrativa que deberán disfrutarse a jornada completa de forma obligatoria e ininterrumpida y las 10 semanas restantes, se pueden disfrutar en periodos semanales de forma acumulada o ininterrumpida en los 12 meses siguientes. La implantación gradual del permiso de nacimiento será la misma.

- **En los casos de parto prematuro** y en aquellos casos en los que la o el menor deba permanecer en hospitalización por tiempo superior a 7 días, el periodo de suspensión se ampliará en tantos días como el recién nacido se encuentre hospitalizado, hasta un máximo de 13 semanas.

- **En los supuestos de discapacidad de la hija o hijo** en el nacimiento, adopción, guarda con fines de adopción o acogimiento múltiple por cada hija o hijo distinto del primero, se ha aumentado la duración del permiso en 2 semanas más, una para cada uno de los progenitores.

Extinción del contrato de trabajo

⇨ El plazo en el que se podría considerar nulo el despido tras la finalización de los periodos de suspensión del contrato por nacimiento, adopción, guarda con fines de adopción o acogimiento se ha ampliado, de 9 a 12 meses.

⇨ Se refuerzan las garantías si se declara la extinción por causas objetivas, exigiéndose que la resolución contractual no se base en motivos relacionados con el embarazo o con el ejercicio del derecho a los permisos y excedencia. Además, se tiene que acreditar suficientemente que la causa objetiva por la que se despide requiere la extinción del contrato de esa persona.

⇨ En caso en que se declare la nulidad del contrato de trabajo por discriminación salarial por razón de sexo, la persona trabajadora percibirá la retribución correspondiente al trabajo de igual valor realizado.

⇨ Durante el periodo de prueba, la resolución del contrato a instancia empresarial será nula en el caso de las trabajadoras embarazadas y desde la fecha de inicio del embarazo hasta el parto, salvo que concurran motivos no relacionados con el embarazo o la maternidad.

Prestación económica durante el permiso de nacimiento

Durante esta suspensión, la persona trabajadora tendrá una prestación económica de la Seguridad Social equivalente al 100% de su base reguladora. Los requisitos son:

⇨ Si la futura madre tiene menos de 21 años, la Administración no exige periodo de cotización anterior.

⇨ Si tiene entre 21 y 26 años, debe haber cotizado 90 días en los siete años previos a la fecha de parto, o 180 días al largo de su vida laboral.

⇨ Si es mayor de 26 años, debe haber cotizado un mínimo de 180 días a la Seguridad Social en los siete años que preceden a la fecha del parto, o 360 días a lo largo de toda su vida laboral.

1.3.2. Permiso para el cuidado del lactante

Es un permiso retribuido recogido en el artículo 37.4 del Estatuto de los Trabajadores, que fue reformado en el año 2019. Permite que los padres o madres, ya sea de forma natural por nacimiento, o por adopción, guarda con fines de adopción o acogimiento, tengan derecho a **ausentarse de su puesto de trabajo durante una hora** para el cuidado de la hija o hijo lactante.

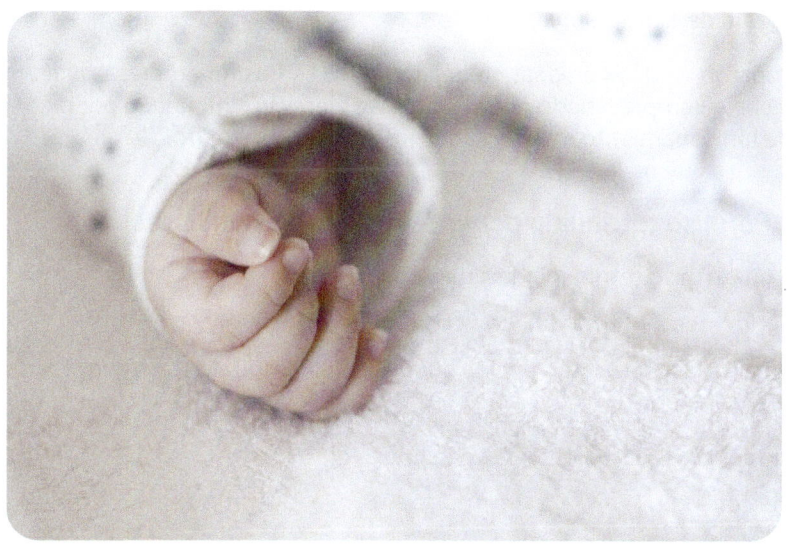

Se puede distribuir de maneras diferentes:

▶ El permiso para ausentarse 1 hora al día, pudiendo dividir en dos fracciones esta hora.

▶ Reducir la jornada media hora al principio o al final de la jornada.

▶ Permiso de lactancia acumulada, esto es, acumular las horas de este permiso para conseguir jornadas completas. Se hará en los términos previstos en la negociación colectiva o en los términos en los que se acuerde con la dirección empresarial (duración aproximada de 15 días).

En los dos primeros casos la duración del permiso comprenderá hasta que el bebé cumpla 9 meses.

Si las dos partes progenitoras trabajan y solicitan el permiso de lactancia, se podrá solicitar una ampliación de nueve hasta doce meses. Ahora bien, en el periodo que va desde los nueve hasta los doce meses no será retribuido, sino que se descontará la parte proporcional del salario. Este sistema se parece más a una reducción de jornada. Para ello nace la nueva prestación por **corresponsabilidad en el cuidado del lactante**, que se trata de una prestación equivalente al 100% de la base reguladora establecida para la prestación de incapacidad temporal, se regulará en proporción a la reducción que experimente la jornada de trabajo.

En el caso de nacimiento, adopción, guarda con fines de adopción o acogimientos múltiples, la duración del permiso se incrementará proporcionalmente.

Todas las personas trabajadoras tendrán derecho a este permiso. Con la reforma de 2019 se establece que constituye un derecho individual de todas las personas trabajadoras, es decir, que lo podrán disfrutar ambas partes. Por esa razón, ya no es posible transferir este derecho de una parte a otra.

Sin embargo, si dos personas trabajadoras de la misma empresa quieren ejercer este derecho, el empresariado podrá limitar su ejercicio simultáneo por razones justificadas de funcionamiento, teniendo que justificarlo por escrito.

1.3.3. Permiso retribuido por enfermedad de familiares

Existe un permiso retribuido de 5 días por:

• Accidente o enfermedad graves.

• Hospitalización o intervención quirúrgica sin hospitalización que precise reposo domiciliario.

Cuando se trate de las siguientes personas:

• Del cónyuge.

- Pareja de hecho o parientes hasta el segundo grado por consanguineidad o afinidad, incluido el familiar consanguíneo de la pareja de hecho,

- De cualquier otra persona distinta de las anteriores, que conviva con la persona trabajadora en el mismo domicilio y que requiera el cuidado efectivo de aquella.

También se regula un permiso retribuido de 2 días por el fallecimiento de:

- Del cónyuge.

- Pareja de hecho

- O parientes hasta el segundo grado de consanguinidad o afinidad.

Cuando con tal motivo la persona trabajadora necesite hacer un desplazamiento al efecto, el plazo se ampliará en 2 días, es decir, el permiso retribuido en caso de desplazamiento será de 4 días.

1.3.4. Reducción de la jornada de trabajo por guarda legal

Derecho a una reducción de la jornada de trabajo, con la disminución proporcional del salario para el **cuidado de menores de 12 años o de una persona con discapacidad física, psíquica o sensorial**, que no desempeñe una actividad retribuida.

⇨ La reducción de la jornada de trabajo lleva aparejada la disminución proporcional del salario entre, al menos, un octavo y un máximo de la mitad de la duración de aquella.

⇨ Este es un derecho individual de la persona trabajadora que podrá solicitar en su empresa.

⇨ Cuando dos personas de una misma empresa quieran ejercer este derecho a la vez, la empresa lo podrá limitar por motivos organizativos.

⇨ Salvo fuerza mayor, la persona trabajadora deberá preavisar a la empresa con una antelación de 15 días o la que se determine en el convenio colectivo aplicable, precisando la fecha en que iniciará y finalizará el permiso de lactancia o la reducción de jornada.

1.3.5. Adaptación de la jornada laboral

Se trata del derecho de **adaptar y distribuir la jornada de trabajo** con el fin de hacer efectivo el derecho a la conciliación de la vida personal, familiar y laboral. El Real Decreto-ley 6/2019, de 1 de marzo, modifica la normativa anterior en relación con el derecho de los trabajadores a solicitar adaptaciones de la duración y distribución de la jornada de trabajo, especificando que puede hacerlo tanto en la ordenación del tiempo como en la forma de la prestación, incluida la posibilidad de trabajo a distancia.

Se indica que estas adaptaciones deben ser razonables y proporcionadas en relación con las necesidades del trabajador y con las necesidades organizativas y productivas de la empresa.

La persona trabajadora puede solicitar la modificación de la duración y de la distribución en el tiempo de su jornada de trabajo para hacer efectivo su derecho a la conciliación de la vida familiar y laboral, que, en caso de tener hijos o hijas, se mantiene hasta que cumplan 12 años.

Aunque se recoge que las condiciones deben estar pactadas en la negociación colectiva, ante la previsión de que pueda haber ausencia de negociación colectiva, se fija como novedad el procedimiento a seguir:

Cuando el trabajador solicite la adaptación de su jornada, la empresa abrirá un proceso de negociación durante un periodo máximo de 30 días, tras el cual, y por escrito, comunicará la decisión tomada, que puede ser:

▶ La aceptación de su solicitud.

▶ El planteamiento de una propuesta alternativa que posibilite las necesidades de conciliación de la persona trabajadora.

▶ La negativa a su solicitud, indicando las razones.

El Decreto regula además que el trabajador tiene derecho a solicitar el regreso a su jornada anterior, incluso aunque no haya transcurrido el periodo acordado, si existen unas circunstancias que lo justifiquen.

En la negociación colectiva se pactarán los términos de su ejercicio, que se acomodarán a criterios y sistemas que garanticen la ausencia de discriminación, tanto directa como indirecta, entre trabajadores de uno y otro sexo.

Esta medida afecta a todos, independientemente que su jornada sea a tiempo completo o parcial.

1.3.6. Excedencia voluntaria para dedicarse al cuidado de sus hijas e hijos hasta que cumplan 3 años

Es un periodo de **excedencia voluntaria**, de duración no superior a tres años, para el cuidado de hijas e hijos (tanto cuando lo sea por naturaleza, como por adopción, o en los supuestos de guarda con fines de adopción o acogimiento permanente), a contar desde la fecha de nacimiento, o en su caso de la resolución judicial o administrativa.

Durante el tiempo que dura la excedencia desaparecen las principales obligaciones del contrato de trabajo, la persona no presta sus servicios en la empresa y la empresa no retribuye, por lo que tiene que causar baja en la Seguridad Social y no tiene obligación de cotizar por esta persona.

- Es un derecho individual de los trabajadores sin distinción de sexo y con independencia de la vinculación temporal o indefinida del vínculo contractual y la antigüedad de la empresa. Lo pueden solicitar quienes quieran dedicarse al cuidado de sus hijas e hijos hasta que estos cumplan los 3 años de edad.

- La excedencia se puede disfrutar en periodos fraccionados (continuos, discontinuos...) dentro del plazo legal de duración.

- Durante el primer año se conserva el derecho al mismo puesto de trabajo. Durante los siguientes se tiene derecho al reingreso en un puesto de trabajo del mismo grupo profesional o categoría equivalente.

- Este periodo de excedencia tiene la consideración de situación asimilada al alta a efectos de las prestaciones de la Seguridad Social, salvo para la incapacidad temporal y la maternidad.

Cuando la persona trabajadora forme parte de una familia que tenga reconocida la condición de familia numerosa, la reserva de su puesto de trabajo se extenderá hasta un máximo de quince meses cuando se trate de una familia numerosa de categoría general, y hasta un máximo de dieciocho meses si se trata de categoría especial. Cuando la persona ejerza este derecho con la misma duración y régimen que el otro progenitor, la reserva de puesto de trabajo se extenderá hasta un máximo de dieciocho meses.

1.3.7. Excedencia para el cuidado de familiares

Es un periodo de **excedencia voluntaria**, de duración no superior a dos años, salvo que se establezca una duración mayor por negociación colectiva, solicitada por un trabajador para atender al cuidado del cónyuge o pareja de hecho, o de un familiar hasta el segundo grado de consanguinidad o afinidad, incluido el familiar consanguíneo de la pareja de hecho que por razones de edad, accidente, o discapacidad no pueda valerse por sí mismo y que no desempeñe actividad retribuida.

Durante el tiempo que dura la excedencia desaparecen las principales obligaciones del contrato de trabajo, la persona no presta sus servicios en la empresa y la empresa no retribuye, por lo que tiene que causar baja en la Seguridad Social y no tiene obligación de cotizar por ella.

Es un derecho individual de las personas sin distinción de sexo y con independencia de la vinculación temporal o indefinida del vínculo contractual y la antigüedad de la empresa.

⇨ Esta excedencia se puede disfrutar en periodos fraccionados dentro del plazo legal de duración.

⇨ Durante el primer año se conserva el derecho al mismo puesto de trabajo. Durante el segundo año se tiene derecho al reingreso en un puesto de trabajo del mismo grupo profesional o categoría equivalente.

⇨ El primer año de excedencia por cuidado de familiares se considera como cotización efectiva para causar derecho a las prestaciones de jubilación, incapacidad permanente, muerte y supervivencia, maternidad y paternidad.

1.3.8. Excedencia voluntaria

Periodo **no inferior a 4 meses ni superior a 5 años**, durante el cual se suspende el contrato de trabajo de un trabajador. Esta persona no podrá solicitar otra excedencia en la misma empresa si no han transcurrido cuatro años desde el final de la anterior.

▶ Es un derecho individual de los trabajadores sin distinción de sexo y es necesaria una antigüedad en la empresa de al menos un año.

▶ La duración máxima de la excedencia es de 5 años y la duración mínima de 4 meses.

▶ La excedencia se puede renovar incluso modificar su duración con cada renovación.

▶ La persona tiene derecho al reingreso preferente en el caso de que en la empresa existan vacantes en un puesto de trabajo del mismo grupo profesional o categoría equivalente.

▶ Para poder ejercitar el derecho preferente al reingreso es necesario que se haya completado el periodo por el que se concedió la excedencia y que la reincorporación haya sido solicitada expresamente por el trabajador. De no hacer esta petición antes de que termine el plazo su derecho de reincorporación se extingue por su no ejercicio, sin que pueda reclamar posteriormente la reincorporación a la empresa.

▶ Se podrá beneficiar cualquier persona que cuente con, al menos, 1 año de antigüedad en la empresa.

2. Bonificaciones para las empresas

2.1. Introducción

La preocupación por conseguir unos niveles razonables de conciliación personal, familiar y laboral es un **fenómeno en alza**, tanto que ha pasado a un primer plano en las agendas de las administraciones, agentes sociales y empresas ya que la dificultad de conciliar ambos espacios tiene consecuencias mucho más profundas.

Los efectos negativos de la dificultad de conciliar la vida privada y familiar con la laboral repercuten no solo en la calidad de vida de las personas, sino que también afectan a toda la **estructura social**, y a la **economía**.

La disminución del índice de natalidad, que se encuentra entre los niveles más bajos de las últimas décadas, el envejecimiento de la población, la disponibilidad de una mano de obra cualificada y productiva o la retención del talento, entre otros factores, se asocian cada vez con más frecuencia a los **problemas de conciliación**.

Así pues, se hace necesario adaptar nuestra sociedad a las necesidades que impone dicha conciliación, pero esto no es un asunto que únicamente afecte a las instituciones públicas y a las familias, las **empresas** no pueden aislarse del medio social en el que operan y por ello tienen una obligación moral en este sentido, pero a la vez tienen un **interés económico**.

Los problemas de conciliación de la vida personal y familiar afectan negativamente a las empresas, ya que se traducen habitualmente en problemas de salud de sus trabajadores (estrés o falta de concentración), desmotivación, absentismo, fuga de talentos, etc. lo que repercute directamente en la productividad.

Las empresas han de asumir el desafío de la conciliación diseñando modelos organizativos que faciliten a sus plantillas recursos para que puedan afrontar sus obligaciones laborales y familiares de forma equilibrada garantizando de esa manera la rentabilidad económica de la organización.

Cuando se diseñan adecuadamente, unas prácticas efectivas que equilibren el trabajo con la vida personal y familiar pueden incrementar la productividad y el éxito de las empresas, al mismo tiempo que favorecen el compromiso de los empleados y empleadas y su satisfacción personal. Estas prácticas no son tan solo algo correcto que hay que hacer por los empleados; son algo correcto que hay que hacer por la rentabilidad de la organización. Poelmans y Caligiuri (2008).

Las **empresas desempeñan un papel clave** en la conciliación familiar y laboral, por ello:

- Han de facilitar la conciliación familiar y laboral a sus plantillas a través del uso de diferentes medidas orientadas a mejorar la calidad de vida de las personas.

- Han de incorporar nuevas formas de organización del trabajo y gestión del tiempo que permitan compatibilizar la vida laboral y familiar.

- Han de realizar un cambio en la cultura empresarial, incorporando la conciliación como una parte más de la gestión, no solo desde la óptica de la responsabilidad social, sino también como una estrategia que favorece la motivación del personal, atrae y retiene el talento en las organizaciones, mejora el rendimiento y, por tanto, ayuda a mejorar los objetivos de las empresas, que se convierten en organizaciones más eficientes y rentables.

2.2. Ventajas de la conciliación para la empresa

La puesta en marcha de medidas de conciliación en la empresa ayudará a:

⇨ **Contratar y retener personal cualificado**

Especialmente en aquellos sectores donde encontrar personas cualificadas es especialmente difícil.

Las medidas de conciliación aumentan el paquete de beneficios que ofrece la empresa y ayudan a atraer y retener a las personas más cualificadas y preparadas.

⇨ **Incrementar el compromiso con la empresa**

Los empleados se sienten más comprometidos con la empresa y se quedan.

La retención de talento y conocimientos en la empresa incrementa su competitividad.

⇨ **Mejorar la productividad**

Una mejora en la calidad de vida en el trabajo incide directamente en la mejora de la productividad y/o calidad de servicio. Incrementa la satisfacción laboral.

La satisfacción en el trabajo es un indicador de productividad. En este sentido, la incorporación de medidas de conciliación contribuye a mejorar sustancialmente la satisfacción laboral.

⇨ **Reducir el estrés y el absentismo producido por factores psicológicos**

Una organización sana es aquella que se preocupa por la seguridad y el bienestar de las personas que trabajan en ella.

En los últimos años se ha producido un aumento importante del absentismo de larga duración por factores psicológicos. Aunque esta situación viene dada por múltiples factores, la empresa puede poner en marcha mecanismos que ayuden a mejorar la calidad de vida de las personas y, por lo tanto, que ayuden a mejorar la productividad.

⇨ **Mejorar la calidad del servicio**

Una plantilla sana, satisfecha laboralmente, y comprometida con la empresa es una plantilla que trata y gestiona a la clientela como si fuera propia.

⇨ **Mejorar la imagen de la empresa en el mercado**

Conscientes de la fuerza de la prescripción que tiene la plantilla de una empresa y del impulso que la **responsabilidad social** ha dado a conceptos como reputación de empresa, la empresa responsable, etc. La incorporación de medidas de conciliación se convierte en un elemento de diferenciación importante en el mercado.

⇨ **Reducir costes de reincorporación**

Con medidas de flexibilidad laboral se reduce el tiempo de las excedencias.

Cuando existen medidas de conciliación se reducen los tiempos y costes de reincorporación tras el permiso de maternidad. Al existir flexibilidad, las excedencias son, en muchos casos, menores en el tiempo, por lo que el tiempo de sustitución será más corto.

La conciliación evita ausencias muy prolongadas del personal que pudieran derivar en la descualificación, debida a cambios o innovaciones implantadas en la empresa durante ese periodo, a lo que se suman los costes de recualificación del personal que vuelve a su puesto de trabajo.

Las medidas de conciliación reducen los costes de cobertura de un puesto de trabajo en licencia de maternidad o baja por riesgo durante el embarazo o lactancia.

En el caso de la baja por embarazo, está comprobado que las mujeres que disfrutan de facilidades durante este periodo (reducción de jornada, flexibilidad de horarios, etc.) continúan trabajando hasta fechas más cercanas al parto.

Este hecho permite, por un lado, tomarse con más calma el proceso de selección de la persona sustituta. Por otro lado, se ahorran costes, tiempo y esfuerzo en la formación de esa nueva persona, ya que, si se incorpora a la plantilla con el margen suficiente, puede ser la propia empleada que va a comenzar la suspensión por maternidad la que se ocupe de la formación de la persona sustituta.

⇨ **Descuento o bonificación en las cuotas de la Seguridad Social**

Descuento en cuotas de la Seguridad Social por sustitución de trabajadores en excedencia o para sustituir trabajadores durante los periodos de descanso por maternidad, adopción y acogimiento.

Bonificación en las cuotas de la Seguridad Social del 100% durante el primer año de contratación de mujeres desempleadas que sean contratadas en los 24 meses siguientes a la fecha del parto.

3. El caso específico del personal de las Administraciones Públicas

3.1. Conciliar para trabajar y vivir mejor

En su condición de mayor empresa del país, la Administración Pública no puede quedar al margen de los asuntos que más preocupan y afectan a los trabajadores. Entre estos, tienen un lugar destacado las crecientes **dificultades** existentes **para conciliar** el trabajo con el desarrollo de una vida personal plena y satisfactoria.

En este sentido, el Plan Concilia, negociado y acordado con sindicatos, supone un paso más en la vocación de la Administración Pública de ser una auténtica fábrica de derechos y oportunidades, y para convertirse en un motor que impulse un cambio global en el resto de la sociedad.

La Administración General del Estado, en el marco de su proceso de modernización y búsqueda de una mayor calidad del servicio público, está decidida a afrontar el reto de atraer y retener a los mejores profesionales de cada área. Para conseguirlo, resulta fundamental ofrecer un abanico de soluciones que permitan una mejor convivencia entre el compromiso laboral y las responsabilidades familiares o privadas. Unas soluciones, además, que hagan más cómodo para los trabajadores el desempeño de sus responsabilidades laborales, lo que redundará en una mayor calidad en el servicio a los ciudadanos.

El Plan Concilia supone para más de 500.000 trabajadores y trabajadoras de la Administración General del Estado, una mejora concreta y perceptible de sus condiciones de vida y de trabajo, con especial atención a las situaciones más complejas y difíciles.

Con ello, el Ministerio competente en materia de función pública quiere hacer frente y aportar soluciones innovadoras a los nuevos problemas que están generando los recientes cambios en las estructuras familiares y sociales.

No se trata de trabajar menos, sino de hacerlo mejor. Con ello, facilitamos el desarrollo, por parte de los empleados públicos, de una vida personal o familiar más plena y satisfactoria.

3.2. El Plan Concilia

3.2.1. Horarios

El **Plan Concilia** es el plan integral de conciliación de la vida personal y laboral en la Administración General del Estado, un paquete de medidas que suponen la normativa más completa aprobada nunca en nuestro país en esta materia, pues recoge las iniciativas más avanzadas del sector público y privado sobre la cuestión.

Introduce importantes novedades en cuanto a flexibilización del horario y a la conciliación de la vida personal y laboral de los empleados públicos de la Administración General del Estado, en línea con la normativa laboral más destacada en los países de nuestro entorno.

Exponemos las medidas que recoge este plan en distintas materias a lo largo del epígrafe:

Salir a las 18 horas como muy tarde.

Se mantiene el número de horas semanales, pero se reduce la parte fija del horario, de **9:00 a 17:00 horas** con una interrupción mínima para la comida para el horario de mañana y tarde. La parte flexible alcanza un tercio del total.

La jornada laboral, en todos los casos, **no podrá prolongarse más allá de las 18:00 horas** como límite máximo en todo el ámbito de la Administración General del Estado. Se trata de una iniciativa inédita en las Administraciones Públicas y que nace con vocación de ser un ejemplo para otros ámbitos e instituciones.

Con esta medida, se pretende acabar con la costumbre cada vez más extendida de prolongar las jornadas de trabajo, casi siempre de forma innecesaria y fruto de una equivocada organización del trabajo.

De esta forma, la Administración Pública se equipara a los países desarrollados de nuestro entorno, cuyos horarios laborales no exceden, salvo situaciones excepcionales, estos límites, con un resultado que en ningún caso es negativo.

3.2.2. Padres

Conscientes de que el nacimiento de los hijos es un momento especialmente complejo a la hora de conciliar la familia y el trabajo, se han puesto en marcha una serie de **novedades**, algunas de ellas inéditas en este ámbito, destinadas a aliviar las tensiones propias de esas circunstancias.

Se instaura una figura de nueva creación, inédita también en la Administración General del Estado: la del **permiso paterno de diez días por nacimiento, acogida o adopción**. Con ello, se quiere que los padres puedan tomar parte plenamente, y en las mismas condiciones, del cuidado de los hijos.

Para todos los empleados públicos se permite **acumular el periodo de vacaciones al permiso de paternidad**, lactancia o maternidad, incluso cuando haya expirado ya el año natural.

3.2.3. Madres

Ampliación de la baja por maternidad.

Sustitución, con carácter opcional, del permiso de lactancia de los hijos menores de 12 meses por un permiso adicional de hasta cuatro semanas.

Otra de las novedades introducidas, y que hasta la fecha no existía en el marco de la Administración General del Estado, consiste en que las madres podrán sustituir, con carácter voluntario, el permiso de lactancia habitual para los hijos menores de doce meses, por un permiso de cuatro semanas que se acumulan a su permiso de maternidad. Con ello, se darán más opciones a la hora de decidir cómo organizar los plazos y los tiempos en las familias

3.2.4. Cuidado de hijos y personas dependientes

Reducción de jornada para padres con hijos menores de 12 años y ampliación de la reducción de jornada a quienes tengan a su cuidado directo hijos menores de 12 años. Actualmente la normativa afecta a los padres con menores de seis años.

El cuidado de los hijos es una cuestión que afecta directamente a empleados públicos. Para ellos, el **Plan Concilia** establece que la reducción de la jornada por atención de hijos menores de seis años, actualmente vigente, se amplíe a los **hijos menores de 12 años**.

De la misma forma, se establece la posibilidad de flexibilizar en una hora el horario fijo de jornada laboral para la **atención de hijos menores de 12 años, el cuidado de personas mayores o de personas con discapacidad**. Se trata de una iniciativa que convierte en un derecho reconocido para todos los empleados públicos una práctica que hasta ahora estaba supeditada al criterio de los responsables de cada área.

Una **enfermedad grave** en el entorno familiar supone, a menudo, la aparición de importantes problemas a la hora de afrontar los cuidados que se requieren en esas circunstancias. Las medidas acordadas con los sindicatos reconocen el derecho a acogerse a la posibilidad de **reducir en un 50% la jornada laboral durante un mes**, sin pérdida ni reducción de salario en los casos de enfermedad muy graves de familiares en primer grado.

De la misma forma, se amplía a **tres años el periodo máximo de excedencia** otorgado **a los empleados públicos** en los casos de cuidado de hijos o familiar dependiente a cargo. Esta excedencia garantizará, en los dos primeros años, el mantenimiento del mismo puesto de trabajo. En el tercero, se garantiza el mismo sueldo y nivel en la misma localidad.

3.2.5. Flexibilización

Derecho a **flexibilizar** en una hora el horario fijo de jornada para quienes tengan a su cargo personas mayores, hijos menores de 12 años o personas con discapacidad.

Hasta ahora esta medida tenía carácter excepcional, previa aprobación del responsable de la unidad.

Se mantiene el número de horas semanales trabajadas, tanto para los turnos de mañana como para los de jornada completa.

Sin embargo, los empleados públicos tienen un mayor margen para decidir su propio horario laboral, dentro de unos márgenes fijos más reducidos y una mayor flexibilidad.

A)   Horas fijas de obligada presencia

Las horas fijas de obligada presencia pasan de 32 horas semanas a 27,5. Es decir, de 9:00 de la mañana a las 17:00 para los horarios de mañana y tarde, con una interrupción mínima para la comida. El horario flexible es el comprendido en estos márgenes:

*   Entre 7:30 y 9:00, por la mañana, de lunes a viernes.

*   De 17:00 a 18:00 de lunes a jueves.

*   De 14:30 a 15:30 los viernes.

B) Modificación del horario fijo

Concesión, con carácter excepcional, personal y temporal, y previa autorización del responsable de la unidad, de la modificación del horario fijo en dos horas por motivos relacionados con la conciliación de la vida personal y en los casos de familias monoparentales.

C) Reducción de la jornada de trabajo por cuidado de hijos, personas dependientes y familiares con enfermedades graves

Posibilidad de acogerse a la reducción de un 50% la jornada laboral durante un mes, sin pérdida ni reducción de salario en los casos de enfermedad muy graves de familiares en primer grado. De la misma forma, se amplia a tres años el período máximo de excedencia otorgado a los empleados públicos en los casos de cuidado de hijos o familiar dependiente a cargo. Esta excedencia garantizará, en los dos primeros años, el mantenimiento del mismo puesto de trabajo. En el tercero, se garantiza el mismo sueldo y nivel en la misma localidad.

3.2.6. Partos prematuros, fecundación asistida y adopción

⇨ **Partos prematuros.** En el caso de partos prematuros, **dos horas diarias de permiso si el hijo nace antes de tiempo.** Derecho del empleado público a ausentarse dos horas diarias retribuidas en los casos de nacimiento de hijos prematuros o que tengan que permanecer hospitalizados después del parto. En dichos supuestos, el permiso de maternidad podrá computarse a partir de la fecha del alta hospitalaria.

⇨ **Fecundación asistida.** En el caso de fecundación asistida, tiempo suficiente si se somete a un tratamiento. **Derecho a ausentarse del trabajo para someterse a técnicas de fecundación asistida** por el tiempo necesario para su realización.

⇨ **Adopciones.** Derecho a un **permiso retribuido de dos meses** en los supuestos de **adopción internacional,** cuando sea necesario el desplazamiento previo de los padres al país de origen del adoptado, manteniendo las retribuciones básicas del salario.

3.2.7. Discapacidad

▶ Los empleados públicos que tengan hijos con discapacidad tendrán dos horas de flexibilidad horaria diaria a fin de conciliar los horarios de los centros de educación especial y otros centros donde el hijo o hija reciba atención, con los horarios de los propios puestos de trabajo.

▶ Igualmente, tendrán derecho a ausentarse del trabajo para asistir a reuniones de coordinación y apoyo.

3.2.8. Formación continua

Los empleados públicos podrán recibir y **participar en cursos de formación** durante los permisos de maternidad, paternidad, así como durante las excedencias por motivos familiares.

Otro aspecto que afecta a numerosos empleados públicos es el de conciliar la formación profesional con el trabajo, sin renunciar por ello a tener una vida personal. De esta forma, los cursos de formación continua podrán, a partir de ahora, **impartirse durante los permisos o excedencias**.

3.2.9. Horario más flexible para familias monoparentales

Las nuevas estructuras sociales han cambiado de forma profunda el concepto de familia, propiciando la aparición cada vez más frecuente de las **familias monoparentales**. En esos casos, la conciliación de la vida laboral y familiar resulta especialmente difícil y compleja, por lo que se impone idear medidas que ayuden en estas situaciones.

El Plan Concilia introduce la posibilidad, con carácter excepcional y para un tiempo limitado, de que el empleado público pida, previa autorización y por motivos relacionados con la atención a la familia, una **modificación del horario** fijo en dos horas.

3.2.10. Protección contra la violencia de género

- **Derecho a solicitar traslado a otra unidad o a otra localidad**

  La empleada pública víctima de violencia de género que se vea obligada a abandonar el puesto de trabajo podrá solicitar un **traslado** en distinta unidad administrativa o en otra localidad.

- **Derecho a una excedencia sin necesidad de prestar un tiempo mínimo**

Derecho a una **excedencia**, para hacer efectiva su protección o su asistencia social integrada, sin necesidad de haber prestado un tiempo mínimo de servicios y sin plazo de permanencia en la misma. Durante los dos primeros meses de esta excedencia se percibirán retribuciones íntegras.

La Administración quiere ser tajante en el terreno de la defensa de las mujeres víctimas de la violencia de género. Para ello, se crea una nueva situación de excedencia para mujeres en estas circunstancias. De esta forma, se contribuirá a hacer más efectivas las medidas de protección y permitirá acogerse a la asistencia social integrada.

Para acceder a esta modalidad de excedencia, que no tiene límite de tiempo, **no será necesario haber trabajado en la Administración un tiempo previo mínimo**.

Asimismo, las empleadas públicas que se vean obligadas a abandonar su puesto de trabajo para trasladarse a otro lugar de residencia, tendrán mayor facilidad para solicitar el traslado en otra localidad.

Anexo 1. Comparación de las medidas anteriores y actuales.

	Plan Concilia	Normativa anterior
Flexibilización de horarios, igual número de horas trabajadas.	Horas fijas semanales: 27,5. Horas flexibles, un tercio del total.	Horas fijas semanales: 32.
Permiso de paternidad.	Diez días.	No existía.
Acumulación de permisos de paternidad/maternidad/ lactancia con vacaciones.	Posibilidad de acumulación aun habiendo expirado el año natural.	Solo en el año natural del periodo de vacaciones.
Sustitución permiso de lactancia por ampliación baja por maternidad.	Cuatro semanas, opcional.	No existía.
Reducción de jornada por hijos.	Menores de 12 años.	Menores de 6 años.
Flexibilización por personas dependientes	Derecho reconocido.	De forma excepcional, previa aprobación de un superior.

	Plan Concilia	Normativa anterior
Modificación horaria para conciliación, familias monoparentales.	De forma excepcional, personal y temporal.	No existía.
Reducción de jornada para atender familiar por enfermedad muy grave.	Durante un mes, retribuido.	No existía.
Excedencia para cuidado de hijos o personas dependientes.	3 años para cuidado hijos y familiares. Mantenimiento del mismo puesto dos años.	3 años para cuidado hijos, 1 año para familiar. Mantenimiento del. mismo puesto solo un año
Partos prematuros	Se añade permiso de maternidad, computado a partir de la fecha de alta hospitalaria.	Derecho a ausentarse dos horas diarias para padres.
Fecundación asistida	Derecho a ausentarse para someterse a tratamientos.	No existía.
Adopción	Hasta dos meses de permiso para ausentarse.	No existía.
Discapacidad	Se mantiene, y se clarifican los supuestos.	Dos horas de flexibilidad diaria para padres, derecho a ausentarse para acudir reuniones.
Formación continua	Podrán recibir cursos formación durante permisos o excedencias.	No existía.
Violencia de género	Traslado opcional. Posibilidad de excedencia (con dos meses retribuidos).	No existía.

4.   Medidas para la igualdad. Ley Orgánica 3/2007

4.1.   Legislación vigente

A pesar del recorrido que la sociedad ha hecho en los últimos treinta años, siguen existiendo barreras que obstaculizan la presencia de las mujeres en igualdad de oportunidades en el mundo laboral.

La **igualdad de oportunidades entre mujeres y hombres** es un derecho relativamente nuevo en España, que nace con la democracia y la aprobación de la Constitución. Si retrocedemos a los años 70 del siglo pasado, recordaremos como las mujeres necesitaban el permiso de su marido para trabajar; que muchas profesiones estaban vetadas a las mujeres o que estas cobraban menos que los hombres porque se consideraba que su sueldo solo constituía una ayuda para el hogar que era sostenido por el padre de familia.

Naciones Unidas afirma, en el **artículo 1 de la Declaración sobre la eliminación de la discriminación contra la mujer**, que: "*La discriminación contra la mujer, por cuanto niega o limita su igualdad de derechos con el hombre, es fundamentalmente injusta y constituye una ofensa a la dignidad humana.*" Es por ello que la ONU establece un listado de derechos que han de garantizarse para las mujeres, sean estas de cualquier cultura, situación jurídica o nacionalidad.

En este tiempo se ha hecho un largo recorrido entre la reclamación por parte de los movimientos de mujeres, en cuanto a la igualdad de derechos y oportunidades, hasta su actual concreción institucional y legislativa, siendo hoy la igualdad de oportunidades un **principio jurídico universal**, cuya aplicación resulta necesaria y positiva, tanto para la empresa como para la sociedad y que se consolida día a día.

Querer conseguir la igualdad entre mujeres y hombres, ha llevado a cambios sociales y culturales. Por un lado, **la Constitución**, en su **artículo 14**, afirma que hombres y mujeres son iguales ante la Ley, y la **Ley Orgánica 3/2007, de 22 de marzo, para la igualdad efectiva de mujeres y hombres** (en adelante Ley de Igualdad) cuestiona cualquier forma de discriminación contra las mujeres.

4.2.   Análisis de la situación

Hablar de igualdad de oportunidades no es ni puede ser un asunto de opinión. Requiere, como el resto de los asuntos que queramos abordar, dentro y fuera del ámbito empresarial, un **diagnóstico riguroso** que nos dé información suficientemente fiable **para conocer la situación actual** y posteriormente su evolución y plantearnos la necesidad, o no, de abordar la necesidad de su incorporación o mejora.

Hoy disponemos de numerosas fuentes estadísticas, diagnósticos y estudios realizados dentro y fuera de España, que nos permiten conocer la situación en cada momento, su evolución respecto a situaciones anteriores y proponer nuevas líneas de mejora e intervención. Disponer de una **serie histórica de datos** es importante porque la mejora y el cambio son posibles siempre que se pueda evaluar el recorrido, analizar resultados y proponer nuevas estrategias para una siguiente etapa.

Esto que parece muy lógico no lo ha sido en España **hasta los años 80**, tiempo en el que se empieza a contar y a realizar diagnósticos de ámbito social sobre el nivel de desarrollo de la igualdad real entre mujeres y hombres, con motivo de la firma de la Convención sobre la Eliminación de todas las formas de Discriminación contra la Mujer, ONU (1981).

Los datos hablan de **diferencias significativas** en el número de mujeres contratadas y en la duración de los contratos. Nos dicen que suelen ocupar más puestos temporales o con reducción de jornada. Las mujeres en conjunto cobran menos, promocionan con más dificultad y están subrepresentadas en ciertos sectores profesionales, como la dirección o los consejos de administración de las empresas y en determinadas profesiones y empleos, que suelen coincidir, en muchos casos, con los más valorados y mejor remunerados.

No hay mejor forma para abordar la necesidad de introducir medidas que fomenten la igualdad de oportunidades en la empresa que conocer la realidad a través de sus datos.

Cuando hablemos de **planes de igualdad**, la primera propuesta siempre va a ser que se realice un diagnóstico con perspectiva de género de los recursos de la empresa.

Si los trabajadores se encuentran en una situación parecida en relación a una serie de indicadores que se proponen referidos al acceso, permanencia, promoción, formación, salarios y otros más, la empresa se encuentra en un estado de igualdad de oportunidades muy saludable.

Si no es así, entonces, quizás sea el momento de **tomar decisiones** al respecto.

4.3. Razones para aplicar la igualdad en la empresa

4.3.1. Los planes de igualdad en las empresas

La Ley Orgánica de Igualdad aprobada en marzo de 2007, es una herramienta que insta a aplicar la igualdad en la empresa.

La Ley tiene por objeto hacer efectivo el derecho de igualdad de trato y de oportunidades entre mujeres y hombres, en particular, mediante la eliminación de la discriminación de la mujer, sea cual fuere su circunstancia o condición, en cualesquiera de los ámbitos de la vida y, singularmente, en las esferas política, civil, laboral, económica, social y cultural. En el ámbito laboral propone actuaciones para favorecer el acceso y la promoción en el empleo de las mujeres, y mejorar la conciliación de la vida personal, laboral y familiar.

La aplicación de esta Ley supone el marco perfecto para reflexionar y analizar las políticas de recursos humanos que se desarrollan en la empresa: debilidades, amenazas, fortalezas y oportunidades y poner en marcha medidas que permitan alcanzar objetivos más amplios y una repercusión positiva en todos los ámbitos de la entidad.

Vamos a repasar algunos de los aspectos esenciales y medidas innovadoras de la Ley en relación con la incorporación de la igualdad de oportunidades en las empresas. Merece la pena comentar que muchas de estas medidas proceden de empresas de reconocido prestigio que han participado, en calidad de expertas, en la elaboración de los contenidos de la Ley referidos a la actividad empresarial.

Hay en la Ley Orgánica de Igualdad un grupo de propuestas que se conocen con el nombre de enfoque de género en las cláusulas sociales y subvenciones, que suponen la valoración, en las bases reguladoras de las subvenciones y en las condiciones de ejecución de los contratos públicos, de actuaciones de efectiva consecución de igualdad por parte de las empresas solicitantes. Su finalidad es promover la igualdad de oportunidades entre mujeres y hombres en el mercado de trabajo.

A estos efectos podrán valorarse, entre otras actuaciones: las medidas de conciliación de la vida personal, familiar y laboral, la responsabilidad social de la empresa, en los términos que establece la Ley, la obtención del distintivo finalmente denominado "Igualdad en la empresa", y otras que la Ley irá desarrollando en su concreción.

▶ La Ley Orgánica de Igualdad en el ámbito laboral prevé acciones para romper el techo de cristal en la empresa, proponiendo la mejora de la participación de las mujeres en los consejos de administración las sociedades mercantiles.

▶ En cuanto a novedades, también cabe destacar las propuestas sobre conciliación de la vida personal, familiar y laboral.

▶ Hay que resaltar que hay un grupo de propuestas que se conocen como medidas innovadoras en la empresa en las que encontramos asuntos como el distintivo "Igualdad en la Empresa", la responsabilidad social de las empresas y muy especialmente los planes de igualdad.

Los planes de igualdad en las empresas son una de las grandes novedades de la Ley de Igualdad que los introduce como una herramienta para la adopción de medidas dirigidas a evitar cualquier tipo de discriminación laboral entre mujeres y hombres.

La Ley de Igualdad, en el artículo 46, los define como: un conjunto ordenado de medidas, adoptadas después de realizar un diagnóstico de situación, tendentes a alcanzar en la empresa la igualdad de trato y de oportunidades entre mujeres y hombres y a eliminar la discriminación por razón de sexo.

Realizar un diagnóstico de la situación de la empresa, como se propone en los planes de Igualdad, es, hoy en día, el mecanismo preventivo que permitirá detectar situaciones de discriminación, reales o latentes y aplicar medidas y acciones positivas para corregirlas y lograr la igualdad de oportunidades entre mujeres y hombres.

4.3.2. Obligatoriedad del plan de igualdad en la empresa

- **Obligatoriedad con la antigua legislación**

   Solo en algunos supuestos era obligatorio para la empresa la elaboración e implantación del plan de igualdad. Concretamente, los casos en que los que era obligatoria su creación y aplicación:

   En las empresas con más de 250 trabajadores.

   En las empresas en que el convenio colectivo en vigor así lo establezca.

   En aquellos casos en que la autoridad laboral, previo procedimiento sancionador administrativo, lo hubiera acordado como sustitución de las sanciones accesorias.

- **Obligatoriedad con la nueva legislación**

   Con la nueva legislación, el plan de igualdad es **obligatorio** para todas las empresas que tengan más de 50 trabajadores.

   Los plazos máximos para elaborar el plan de igualdad dependen del tamaño de la plantilla de las empresas, según estos criterios:

   ⇨ De 151 a 250 trabajadores. Las empresas contaban con un periodo para aprobar el plan de igualdad, (hasta marzo de 2020).

   ⇨ De 101 y 150 trabajadores, (hasta marzo de 2021).

   ⇨ De 50 a 100 trabajadores, (hasta marzo de 2022).

   En cualquier caso, el plan de igualdad deberá ser **objeto de negociación** con los representantes de los trabajadores. Para impulsar la adopción voluntaria de planes de igualdad, la Ley prevé que el Gobierno establezca medidas de fomento, especialmente dirigidas a las pequeñas y medianas empresas, que incluirán apoyo técnico necesario.

   En esta línea, el Ministerio competente en materia de igualdad ha puesto en marcha un **servicio de asesoramiento, sensibilización e información ciudadana**, para la elaboración de planes de igualdad en las empresas y otras medidas de promoción de la igualdad.

   Recordemos que la Ley afecta de manera obligatoria a la Administración General del Estado. El resto de Administraciones Públicas podrán establecer estas u otras medidas que consideren oportunas conducentes al logro de la igualdad efectiva.

4.4. La igualdad de oportunidades en la empresa

4.4.1. El compromiso con la igualdad dentro de la empresa

El acometer medidas de igualdad efectiva en el trabajo constituye un ejercicio empresarial necesario, sin perjuicio de las ventajas inmediatas: mejorar la imagen y la competitividad en el mercado, incrementar el compromiso personal de la planti-lla beneficiada por estas medidas de conciliación de su vida laboral y personal, atraer personal altamente cualificado, etc. La **igualdad de oportunidades** ha demostrado ser una garantía de calidad y de mejora del clima laboral, haciendo más rentable la empresa.

Muchos son los estudios en este tiempo que cada vez hacen más fácil demostrar que las empresas que incorporan la igualdad de oportunidades obtienen mejores resultados.

La igualdad de oportunidades, en definitiva, ayuda a construir un proyecto profe-sional coherente que respete los derechos del personal trabajador fomentando su integración en la empresa en igualdad de condiciones.

La igualdad de oportunidades en las empresas es importante para el conjunto de la sociedad que espera que se comprometa de forma ética y responsable con el desarro-llo y bienestar de la comunidad.

Cada vez son más las empresas que se plantean la importancia de incorporar medi-das y estrategias que favorezcan la igualdad de oportunidades entre hombres y muje-res y que se esfuerzan por realizar su trabajo de forma ética y responsable.

Son conscientes de que sus actuaciones tienen consecuencias importantes en aspectos fundamentales para el desarrollo social y el medio ambiente. Por esta razón incorporan la **igualdad de oportunidades** entre hombres y mujeres, como **clave estratégica de su organización** y se preocupan de que forme parte de su identidad corporativa.

Cuando hablamos de compromiso de las empresas con la igualdad hacemos refe-rencia a la concienciación, sensibilización y compromiso de la dirección de la empresa con la igualdad de oportunidades.

Cuando una empresa decide finalmente comprometerse con la igualdad de opor-tunidades e incorporar transversalmente la perspectiva de género dentro de su orga-nización, inicia un camino que no tiene retorno. Hablar de incorporar la igualdad en una empresa supone **plantear un reto de cambio cultural y estructural dentro de la organización** que afecta a las decisiones estratégicas de la empresa.

Es por ello que el compromiso de la empresa tiene que ser firme y consciente del inicio de un camino de cambios con perspectiva de género, que tiene sus dificultades, pero que es posible y además enormemente positivo para sentar los cimientos de una empresa más sostenible, éticamente más responsable y económicamente más productiva, rentable y competitiva.

Un **análisis de situación con perspectiva de género**, realizado con rigor en una empresa, va a precisar la revisión de procedimientos, gestión de personal y recursos, decisiones estratégicas, etc., y eso requiere compromiso de la dirección de la empresa con el cambio, la implicación de la representación sindical y la participación de sus trabajadores, siguiendo todo un planeamiento estratégico del cambio, la aplicación de recursos humanos y económicos, y la puesta en marcha de metodologías de trabajo especializadas.

El proceso de integración de la igualdad de oportunidades en la organización se enfoca fundamentalmente en la **política de gestión de recursos humanos** dado que está relacionada directamente con las personas. Sin embargo, como eje transversal, deberá incluirse en políticas tales como las de comunicación, marketing y publicidad (por ejemplo, no utilizando lenguaje ni imágenes sexistas).

La voluntad de la Dirección de la empresa de trabajar por la igualdad de oportunidades debe materializarse de forma clara y concisa. Esto empieza por reconocer la **igualdad como principio básico transversal** de la organización.

La Ley Orgánica de Igualdad recomienda la realización de un plan de igualdad en el que diagnosticar la situación de partida, marcar objetivos y estrategias para conseguirlo.

Son muchas las empresas que están incorporando la igualdad y están demostrando que es posible. Han incorporado medidas eficaces en cada una de las acciones de la empresa, con excelentes resultados. Desde la selección en condiciones de igualdad, promoción interna o políticas de retribución salarial hasta la gestión del tiempo o la política de riesgos laborales la formación, prevención del acoso sexual y por razón de sexo, etc.

La igualdad de oportunidades no es difícil de gestionar. Lo importante es conocer y descubrir qué situaciones actúan en la discriminación, para después poner en funcionamiento soluciones a la medida de la empresa. Porque no todas las empresas son iguales, no hay soluciones estándar.

Una vez tomada la decisión de poner en marcha un plan de igualdad dentro de la organización, será necesario **formalizar y recoger el compromiso** de la empresa con la igualdad **en los documentos corporativos**. Además, se deberá dar a conocer la iniciativa a toda la plantilla y explicarles que se inicia el proceso para implementar el plan, explicitando en todo momento las distintas fases que lo forman.

Algunos de los documentos donde plasmar el compromiso de la empresa con la igualdad pueden ser:

▶ Carta de la presidencia o dirección.

▶ Manual de bienvenida.

▶ Manual de calidad.

▶ Manual interno.

▶ Memorias anuales.

▶ Creación de un código ético o de conducta.

▶ Comunicaciones corporativas, tanto internas como externas.

▶ Otros.

Uno de los pasos más importantes es el compromiso por parte de la entidad. A continuación, se presentan dos modelos de cartas o comunicados para informar a la plantilla de la puesta en marcha del plan de igualdad:

MODELO 1

Queremos informaros de que la Dirección de la empresa ha decidido poner en marcha un Plan de igualdad con el objetivo de conseguir la igualdad de trato y de oportunidades entre mujeres y hombres.

Para que el proyecto sea todo un éxito, necesitamos de vuestra colaboración y apoyo.

Durante todo el proceso os iremos informando de las acciones que se realizarán y pediremos vuestra colaboración para llevarlas a cabo.

Os agradecemos de antemano todo el tiempo que dedicaréis a ello y vuestra predisposición para que este proyecto que iniciamos un éxito para nuestra organización.

Quedamos a vuestra disposición,

Dirección General

MODELO 2

*En _____, somos conscientes de que nuestra gestión empresarial
tiene que estar en consonancia con las necesidades y demandas de la sociedad, y por
ello hemos asumido el compromiso para la elaboración de un PLAN DE IGUALDAD
DE OPORTUNIDADES ENTRE MUJERES Y HOMBRES en la empresa, siguiendo las
directrices que marca la legislación en la materia y, por tanto, con sujeción absoluta a la
integración del principio de igualdad de trato y de oportunidades tal y como se recoge en
la Ley Orgánica 3/2007, para la igualdad efectiva de mujeres y hombres.*

*Desde _____ y hasta _____ está previsto que realicemos la
constitución del comité de igualdad, diagnóstico y diseño de nuestro plan de igualdad,
para ello, compartimos la ilusión e intereses tanto la dirección de _____ como
la representación de las trabajadoras y trabajadores de la empresa, y os instamos a que
seáis parte activa en todo el proceso de elaboración, para lo cual os indicaremos más
adelante los medios y mecanismos para participar, ya que el resultado de esta primera
fase marcará la política de recursos humanos, la comunicación interna y externa de la
empresa durante los próximos cuatro años.*

*Afrontamos la implantación del plan de igualdad como una modernización de nuestro
sistema de gestión empresarial que producirá, sin lugar a dudas, una estructura
interna y unas relaciones con la sociedad en la que nuestras acciones estén libres de
discriminaciones por razón de sexo, contribuyendo al avance hacia una sociedad en la que
la igualdad sea real y efectiva.*

*_____ a _____ de _____ de 202_*

Fdo. _____

El nivel de compromiso posteriormente se podrá comprobar y evaluar en función del grado de implantación en la empresa de políticas y acciones relacionadas con la igualdad de oportunidades.

En este sentido, una empresa mostrará un mayor compromiso con la igualdad de oportunidades si, además de tener un plan de igualdad, destina unos recursos materiales y humanos y asigna un presupuesto para implantar las acciones. A la vez que establece un calendario para su ejecución y realiza un seguimiento de su eficacia.

Se puede evaluar y valorar el reconocimiento interno y externo como empresa impulsora de políticas de igualdad. Esto incluye los premios, las distinciones o las acreditaciones que haya obtenido la empresa por parte de una institución externa. O bien, si la empresa contribuye a sensibilizar y alcanzar la igualdad de oportunidades en la sociedad a través de su ejemplo con la relación con las empresas proveedoras, las empresas externas o subcontratadas, su clientela y su entorno.

A través de estos indicadores se quiere valorar si la dirección promueve unos valores y una cultura de igualdad y el grado de integración de la igualdad de oportunidades en la estrategia y la cultura de la organización. El conjunto de indicadores que se propone en este ámbito se tendrá que adaptar al punto de partida de la empresa, a su dimensión y a los recursos que se pueden destinar. Indicamos algunos de ellos:

- Existencia en la empresa de un plan de igualdad.

- Presupuesto específico asignado al diseño y a la implementación de medidas de igualdad.

- Referencias a la igualdad de oportunidades en las líneas estratégicas de la empresa.

- Medidas adoptadas por parte de la empresa que van más allá de las que exige la normativa.

- Existencia de una comisión de igualdad de oportunidades en la empresa.

- Representación equilibrada de mujeres y hombres en la comisión de igualdad de oportunidades y otros más en esta línea.

4.4.2. Creación de la comisión de igualdad

Además de la voluntad expresa de la empresa y en función de sus dimensiones, es recomendable crear un grupo de trabajo y/o una comisión de igualdad compuesta por personas designadas por la dirección y por parte de la representación de los trabajadores.

En pleno siglo XXI podemos afirmar que la igualdad de oportunidades no solo es necesaria, sino que también es fácil, porque tanto Administraciones, como organizaciones empresariales, sindicatos, grupos de clientes y hasta los propios trabajadores están aportando propuestas para conseguirla.

La ventaja que tienen las empresas socialmente responsables es que establecer la igualdad de oportunidades no es ir a contracorriente, sino a favor de los tiempos.

Las medidas de conciliación son acciones dirigidas a crear condiciones que favorezcan que las personas trabajadoras puedan compatibilizar su vida personal y familiar con su vida laboral.

Surgen inicialmente como medidas de protección de las llamadas políticas familiares. Dichas políticas, a través de la regulación y configuración de los permisos por nacimiento, reducciones de jornada, excedencias y medidas similares, han intentado proteger los derechos de las personas trabajadoras y de sus hijos, y facilitar la conciliación.

Existen algunas reguladas de forma explícita por Ley, y que son directamente aplicables, y otras cuyo disfrute se circunscribe a los convenios colectivos o a la negociación interna de la empresa con su plantilla.

Así pues, se hace necesario adaptar nuestra sociedad a las necesidades que impone la conciliación, pero esto no es un asunto que únicamente afecte a las instituciones públicas y a las familias, las empresas no pueden aislarse del medio social en el que operan y, por ello, tienen una obligación moral en este sentido, pero a la vez tienen un interés económico.

Las empresas han de asumir el desafío de la conciliación diseñando modelos organizativos que faciliten a sus plantillas recursos para que puedan afrontar sus obligaciones laborales y familiares de forma equilibrada garantizando la rentabilidad económica de la organización.

Por otro lado, la Administración Pública, en su condición de mayor empresa del país, no puede quedar al margen de los asuntos que más preocupan y afectan a los trabajadores. Entre estas tienen un lugar destacado las crecientes dificultades existentes para conciliar el trabajo con el desarrollo de una vida personal plena y satisfactoria.

En este sentido, el Plan Concilia, negociado y acordado con sindicatos, supone un paso más en la vocación de la Administración Pública de ser una auténtica fábrica de derechos y oportunidades, y para convertirse en un motor que impulse un cambio global en el resto de la sociedad.

A pesar del recorrido que la sociedad ha hecho en los últimos treinta años, siguen existiendo barreras que obstaculizan la presencia de las mujeres en igualdad de oportunidades en el mundo laboral.

Querer conseguir la igualdad entre mujeres y hombres, ha llevado a cambios sociales y culturales. Por un lado, la Constitución, en su artículo 14, afirma que hombres y mujeres son iguales ante la Ley, y la Ley Orgánica 3/2007, de 22 de marzo, para la igualdad efectiva de mujeres y hombres (Ley de Igualdad) cuestiona cualquier forma de discriminación contra las mujeres.

UNIDAD DIDÁCTICA 3

La empresa y la conciliación

Contenido & Objetivos

Los **objetivos** de esta unidad son:

1. Identificar los elementos claves de una negociación colectiva que afectan a la conciliación entre la vida familiar y laboral.

2. Aprender por qué la conciliación supone un cambio organizativo y de qué manera un proceso de implantación debe pasar por unas fases y afectar a unas áreas determinadas.

3. Conocer el papel que juegan en la sociedad los servicios de apoyo y proximidad.

Introducción

En esta unidad vamos a conocer cómo la conciliación no afecta a todas las empresas por igual y cómo las necesidades de los trabajadores pueden también variar de unos a otros.

Además, veremos los elementos claves de la negociación colectiva, y cómo hay que tener en cuenta las necesidades y posibilidades de la empresa para hacer frente a las situaciones que se presenten en materia de conciliación.

Se analizará por qué la conciliación de la vida familiar y laboral supone un proceso de cambio organizativo, basado en la creación de equipos de trabajo multidisciplinares autogestionados y un liderazgo compartido.

Aprenderemos las fases y áreas de la empresa de un proceso de implantación de una conciliación entre la vida familiar y la empresarial.

Conoceremos los Servicios de Proximidad (teleasistencia, servicio de ayuda a domicilio, comida a domicilio, lavandería a domicilio, etc.) y repasaremos diferentes tipos de servicios de apoyo que facilitan la conciliación familiar y reducen la carga del empleado fuera de la empresa.

1. La negociación colectiva

1.1. El tamaño y el sector de actividad

Cuando se habla de las empresas en el debate de la conciliación, a menudo se incurre en el error de considerar que la conciliación afecta a todas las empresas por igual o tienen las mismas capacidades de asumir retos de conciliación que, frecuentemente, suponen costes adicionales o tensiones internas.

No todas las empresas disponen de los mismos márgenes organizativos. En este sentido, no son comparables las posibilidades que puede tener una empresa de gran tamaño frente a una microempresa o pyme, que no dispone de los mismos recursos para hacer frente a las distintas situaciones de conciliación. No impacta igual, ni tiene las mismas consecuencias, una reducción de jornada en una empresa de 50 trabajadores que en una empresa de 4, por ejemplo.

Asimismo, las peculiaridades de cada sector también tendrían que tenerse en cuenta a la hora de adoptar estas medidas, pues cada uno se configura de manera diferente y presenta características propias. No es lo mismo la aplicación de medidas de conciliación en sectores relacionados con el ocio, el comercio o el turismo, por citar unos ejemplos, donde los clientes consumidores marcan las exigencias de disponibilidad horaria, que en sectores de oficinas o industriales, donde la planificación por parte de la empresa puede ser más autónoma con carácter general.

Por tanto, más allá de la voluntad de la empresa para llegar a un acuerdo con el trabajador sobre las distintas opciones de flexibilidad que se pueden adoptar, hay que tener en cuenta la posibilidad que tiene la empresa y la viabilidad de la medida a llevar a cabo, así como atender a otras cuestiones imprescindibles como pudieran ser su productividad y competitividad, sin las que sería imposible el mantenimiento y creación de empleo.

Es por ello que sería extremadamente complejo diseñar una única fórmula para implantar estas medidas, que fuera aplicable por todas las empresas con carácter general, debiéndose, por tanto, remitir la adopción de las mismas al ámbito de la negociación colectiva y/o a cada empresa, para poder determinar qué medidas son más eficaces y, en cualquier caso, cuáles podrían ser implantadas en cada supuesto concreto.

 Sirva de ejemplo a la explicación anterior la extrema dificultad de implantar la figura del teletrabajo en determinados servicios, como pudieran ser el comercio tradicional, la hostelería o el sector de la construcción; la complicación de modificar el horario de trabajo en pequeñas empresas o en servicios de atención al público u otros sectores en los que la fijación del horario se encuentra ineludiblemente ligada al desarrollo de la actividad, o la imposibilidad de conceder la misma medida de conciliación a un elevado número de trabajadores dentro de la misma empresa.

Hay que señalar que, al igual que sucede en el ámbito europeo, el **sistema de permisos** es la herramienta de conciliación más utilizada en España y se le otorga carácter prioritario frente al resto de medidas, a pesar de su alto coste en ausentismo, su clara repercusión sobre la carrera laboral y la pérdida de ingresos a la que se condena a quien lo solicita.

Estas medidas destacan por su efecto puramente coyuntural en la atención a la familia, y por tener una eficacia limitada para la efectiva conciliación de la vida laboral y familiar de los trabajadores y para el fomento de la corresponsabilidad entre hombres y mujeres en los cuidados familiares. Igualmente, la utilización de estas medidas conlleva un impacto negativo sobre la participación laboral de las personas con responsabilidades familiares, lo que especialmente se traslada a las mujeres.

Por otra parte, convendría analizar si la petición de reducción de jornada es una opción deseada por quien la solicita o, por el contrario, es una consecuencia debida a la ausencia de medidas sociales de apoyo a la conciliación que le permitan mantener su actividad laboral.

1.2. Los convenios colectivos

1.2.1. Aspectos relacionados con la conciliación

Según lo expuesto, está claro que se deben atender las necesidades de cada empresa a la hora de configurar las medidas de conciliación necesarias, así como a las propias necesidades de los trabajadores, que también pueden variar de unos a otros.

Nuestro **tejido empresarial** es extremadamente diverso y se encuentra compuesto por diferentes tipos de empresas atendiendo, entre otras cuestiones, a su sector económico y a su tamaño, con claro predomino de pymes y microempresas.

En España, las empresas se clasifican típicamente según su tamaño, que se determina generalmente por el número de empleados y su facturación anual. Las cifras del tejido empresarial cambian casi a diario, por tanto, las cifras que se presentan a continuación son aproximadas y pueden variar, pero sirven para poder hacernos una idea general de como se configuran las empresas en España según tamaño y facturación:

- Microempresas: las microempresas son aquellas que emplean a menos de 10 personas y tienen una facturación anual baja. Constituyen la mayoría del tejido empresarial español. Su participación podría ser alrededor del 85-90% del total de empresas.

- Pequeñas y medianas empresas (PYMEs): las PYMEs son empresas que emplean entre 10 y 250 personas y tienen una facturación anual moderada. Aunque representan una proporción significativa del total de empresas, su participación es menor que las microempresas. Podrían constituir aproximadamente el 8-12% del total de empresas.

- Grandes empresas: las grandes empresas son aquellas que emplean a más de 250 personas y tienen una facturación anual considerable. Aunque son menos numerosas en comparación con las PYMEs y microempresas, su contribución al empleo y la economía es significativa. Su participación podría ser alrededor del 2-5% del total de empresas.

Si hacemos una estimación general sobre la regulación de **cláusulas relacionadas con la conciliación** en los convenios colectivos en España, podemos aportar los siguientes datos:

- Cláusulas que traten sobre la flexibilidad horaria: esta es una cláusula bastante común en los convenios colectivos, y es probable que esté presente en la gran mayoría de ellos. Podría representar alrededor del 80-90% de los convenios colectivos en España.

- Cláusulas sobre teletrabajo: con el crecimiento del teletrabajo, esta cláusula está ganando relevancia y es probable que esté presente en una proporción significativa de los convenios colectivos, aunque puede variar dependiendo del sector y la naturaleza del trabajo. Podría estar presente en alrededor del 60-70% de los convenios.

- Cláusulas sobre permisos por cuidado de familiares: estas cláusulas de mejora no suelen estar presentes en una parte considerable de los convenios colectivos, pero su inclusión es cada vez más frecuente debido a la demanda de la sociedad trabajadora para poder compatibilizar su vida familiar y su vida laboral. Podrían representar alrededor del 20-30% de los convenios.

- Cláusulas de reducción de jornada: estas cláusulas también son poco comunes, especialmente en sectores tradicionales o de producción, sin embargo, en los últimos años se ha presentado un aumento significativo. Podrían estar presentes en aproximadamente el 20-30% de los convenios.

1.2.2. Aspectos a mejorar

Para mejorar el tratamiento que se realiza de la conciliación y la corresponsabilidad en los convenios colectivos, habría que abordar las siguientes cuestiones:

- Introducir medidas de conciliación de la vida profesional y personal. La conciliación no debe reducirse únicamente al ámbito familiar.

- Ampliar las medidas dirigidas a los hombres que fomenten la corresponsabilidad.

- La conciliación no debe limitarse a la regulación de permisos. Son importantes también aspectos como la contratación, la organización del trabajo y de los tiempos de trabajo, las retribuciones, las ayudas económicas, las infraestructuras de atención de familiares dependientes y el incremento de escuelas infantiles de 0 a 3 años.

- Es importante que la conciliación deje de tener un enfoque dirigido en exclusiva a las mujeres y que se desligue definitivamente de los aspectos relativos a la maternidad biológica de la mujer; la protección durante el embarazo y el periodo de lactancia está justificada por razones de salud, la conciliación es otra cosa bien distinta y afecta tanto a mujeres como a hombres.

- Todavía persiste la feminización de los derechos relacionados con la asunción de responsabilidades familiares en los convenios colectivos, con consecuencias negativas y discriminatorias que dichos aspectos tienen en la vida personal y profesional de las mujeres.

- La regulación de la conciliación debe dirigirse, fundamentalmente, mediante la aportación de medidas de acción positiva que contribuyan a la ruptura de roles sexistas también en la familia y en el trabajo.

1.2.3. Buenas prácticas

Vamos a exponer un ejemplo de **buenas prácticas en la negociación colectiva**, dirigidas al reparto equilibrado entre mujeres y hombres en la asunción de responsabilidades familiares y una mayor participación de los hombres en las mismas, así como aquellas dirigidas a la conciliación, en general, de la vida laboral con la vida familiar y personal de los trabajadores:

La entidad financiera BBVA ha alcanzado un acuerdo unánime con los representantes sindicales para poner en marcha un Plan de Igualdad que ambiciona la equiparación real y efectiva de oportunidades para todos sus profesionales en España. El nuevo plan incorpora importantes mejoras más allá de la normativa vigente y refuerza la actual política de BBVA para impulsar el equilibrio entre la vida personal, familiar y laboral de su plantilla.

Otro factor clave del plan es el impulso para generar las mismas oportunidades mediante la formación y una política de selección y contratación que garantice la igualdad de trato. Además, se establecen objetivos a cuatro años para promover la presencia equilibrada de hombres y mujeres en todos los niveles organizativos.

El acuerdo trata otros aspectos como la política retributiva, la cultura y el liderazgo, la salud desde la perspectiva de género y la comunicación inclusiva. El Plan de Igualdad recoge el compromiso de BBVA para incrementar el apoyo a las víctimas de violencia de género y un protocolo contra el acoso sexual y por razón de sexo, con diferentes canales de denuncia y medidas de prevención y protección a las víctimas.

Flexibilidad y conciliación para promover la igualdad

Para la elaboración de este plan se ha realizado un exhaustivo análisis que ha permitido establecer cerca de 100 medidas, con plazos de ejecución e indicadores de seguimiento. El banco ha buscado incorporar medidas de protección al embarazo y cuidado de los hijos/as, de ayuda a las personas que tengan un hijo/a en acogida y a los que vayan a empezar un proceso de adopción. También se hace especial mención al compromiso para mitigar las necesidades de las personas trabajadoras con hijos/as con discapacidad. Entre las medidas de flexibilidad y conciliación destacan:

- En algunos tipos de jornada se ha reducido el tiempo mínimo de comida a 30 minutos, y en otros se da la posibilidad de realizar la jornada continuada en el periodo de verano.

- Nuevo permiso no retribuido de hasta una hora al día para acompañar al colegio a los hijos/as e hijas menores de 5 años en la primera semana de curso.

- Posibilidad de hacer jornada continuada tras el nacimiento o adopción de un hijo/a hasta su primer año.

- Los empleados y empleadas con jornada reducida partida, podrán optar por realizar jornada continuada, eliminando el tiempo de descanso del mediodía.

- Se establecen cinco horas de trabajo efectivo para los días 24 y 31 de diciembre y 5 de enero.

- Nueva bolsa de 10 horas anuales retribuidas para consultas médicas y pruebas diagnósticas de empleados y familiares de primer grado.

- Nuevo permiso para acompañar a los exámenes prenatales a la pareja gestante.

- Nuevo permiso retribuido en caso de nacimiento de un hijo/a con discapacidad, de 22 días laborables dentro de los tres primeros años. Dicho permiso, se extiende a los casos de adopción de menores con discapacidad hasta los cinco años de edad.

- Ampliación de los permisos por fallecimiento de cónyuge, pareja de hecho e hijos/as (de 5 a 15 días) y de los permisos por accidente, enfermedad grave u hospitalización de familiares de hasta segundo grado y convivientes (de 5 a 6 días).

2. Acciones para la organización laboral

2.1. Los valores empresariales

La conciliación de la vida familiar y laboral supone un proceso de cambio organizativo. Este **cambio organizacional** surgirá como fruto de un cambio cultural, basado en la creación de equipos de trabajo multidisciplinares autogestionados, que definan su propio proceso productivo, teniendo flexibilidad en su horario de trabajo, en un contexto de democracia organizativa. Además, el impulso de la conciliación  entre la vida familiar y laboral en la empresa conlleva que una **nueva política de recursos humanos basada en las personas**, de manera que todos los miembros de la organización participen en un proyecto de liderazgo compartido y se sometan a una reorganización productiva, dictando las fases y medidas a seguir para poder implantar el cambio e infiriendo una serie de factores organizativos para que dicha implantación sea realizada con éxito.

Para poder llevar a cabo las políticas de conciliación entre la vida profesional y la familiar la empresa ha de integrar los siguientes valores:

▶ Primacía de las personas y del objeto social sobre el capital.

▶ Organización y cultura empresarial con vocación de gestión participativa y democrática.

▶ Conjunción de los intereses de los miembros usuarios y del interés general.

▶ Defensa y aplicación de los principios de solidaridad y responsabilidad.

▶ Aplicación de la mayor parte de los excedentes a la consecución de objetivos a favor del interés general, el interés de los miembros y el desarrollo sostenible.

Este compendio de valores supone el fondo y la forma en el que se materializa dentro de la empresa la responsabilidad social. Las organizaciones socialmente responsables tratan de adherirse a las directrices que surgen de los diferentes estándares internacionales, en tanto que:

• Se fundamenta sobre los principios de solidaridad y en el compromiso de las personas en un proceso de ciudadanía activa e implicación en la comunidad.

• Genera empleo de calidad, así como una mejor calidad de vida, y propone un marco adaptado a las nuevas formas de empresa y de trabajo.

• Desempeña un papel importante en el desarrollo local y la cohesión social.

• Es un factor de democracia y de generación de capital social.

• Contribuye a la estabilidad y al pluralismo de los mercados económicos.

Existe una opinión cada vez más generalizada de que la adopción de valores y prácticas democráticas en las organizaciones se ha convertido en política y moralmente inevitable para poder conseguir la integración de la vida laboral y familiar.

Con el concepto de **democracia organizativa** se pretende apelar a todos aquellos esfuerzos que, dentro de una organización, persiguen la armonización de los objetivos individuales de sus miembros y de los objetivos colectivos.

La forma de democracia organizativa más común es la asociada con el incremento en la participación generalizada de los empleados en la toma de decisiones y en la gestión. De los procesos democráticos se derivan múltiples ventajas para la organización:

a)   Pueden fomentar el compromiso de los empleados con la organización.

b)   La participación en las decisiones tiende a mejorar el compromiso con las decisiones tomadas, lo que facilita su implantación.

c)   Ayudan a las personas a sentirse más responsables de los resultados obtenidos por la organización.

d)   Contribuyen a crear un clima más participativo, lo que puede mejorar la capacidad de cambiar.

e)   Proporcionan un mayor nivel de discrecionalidad a empleados y directivos, lo que les permite desarrollar habilidades de manera más completa, convirtiéndolos en más valiosos para la organización.

f)   Es la forma correcta de hacer las cosas, desde una perspectiva moral.

2.2. Los equipos de trabajo

Se ha de seguir un modelo basado en **equipos multidisciplinares autogestionados**, donde se reduce o elimina el nivel supervisor o mando medio, logrando que los equipos sean responsables en un proceso de trabajo o en una parte importante de este, entregando un producto o servicio a un cliente interno o externo, en donde ellos no únicamente realizan el trabajo con calidad, sino que también son responsables de administrarse a sí mismos. Los equipos de trabajo tienen un mejor desempeño debido a que:

⇨   Se reúnen habilidades y experiencias complementarias que, por definición, exceden las que pueda tener un individuo.

⇨   Al desarrollar en forma conjunta objetivos, metas y enfoques claros, los equipos establecen comunicaciones que respaldan la mejora continua y la solución de problemas.

⇨   Los equipos proporcionan una dimensión social única que mejora los aspectos económicos y administrativos del trabajo.

⇨   Los equipos disfrutan de su trabajo, es más, se divierten al realizarlo.

⇨   El cambio en el comportamiento ocurre también con más rapidez debido al compromiso colectivo, los equipos no se sienten tan amenazados por el cambio como los individuos.

⇨   Debido al interés central en el desempeño, los equipos motivan, retan, recompensan y respaldan a todos aquellos que se proponen cambiar la forma en que se hacen las cosas.

Este avance constante en la cultura de participación y autogestión de las personas se logra a través del trabajo en equipo, siendo el papel de las personas, el de **contribuir al rendimiento del equipo**. La dinámica diaria la marcarán, por tanto, los equipos autogestionados, que tienen sus propios retos y toman sus propias decisiones, lo que permitirá tener un gran número de personas en acciones de medio y largo plazo, que generará una mayor **creatividad** ante la necesidad de **toma de decisiones**. De este modo, la creación de continuo conocimiento será consecuencia de una experiencia compartida, que permite el error, en base a la toma de decisiones por muchas personas.

El hecho de que cada persona comprenda cómo su actuación influye en su equipo y cómo los logros del equipo contribuyen a los objetivos colectivos de la empresa, provoca que todos los empleados se sientan responsables de su actividad y respondan de sus obligaciones.

Esta **responsabilidad** está íntimamente ligada a la flexibilidad en la forma de desempeñar el trabajo. Los equipos multidisciplinares autogestionados permiten responder a las necesidades del hogar en el momento que sea preciso sin afectar al rendimiento laboral.

Esta coordinación entre trabajo y familia es posible gracias a este novedoso método de trabajo. Por lo tanto, el cambio histórico debe ser un **cambio cultural**, donde todas las personas deben sentirse integradas y partícipes del éxito, del intercambio de conocimiento, de la comunicación a todos los niveles, del acceso a la información, de la toma de decisiones con el equipo, de la satisfacción de satisfacer, de sorprender y añadir valor a los clientes.

Las personas que compongan estos equipos han de ser generalistas, menos especialistas, tener mayor sensación de desarrollo y realización y compartir retos y objetivos, siendo su meta final el cliente. Para que esta idea se pueda llevar a cabo se ha de crear una cultura a todos los niveles que sitúe al cliente como objetivo único y común de la actividad.

Lo que se requiere es la creación de un **modelo de gestión horizontal** (que motive la creatividad y la mejora continua), así como la integración de proveedores y clientes, debiendo de asumir el colectivo una cultura sin jefes, con un objetivo único: el cliente, y donde cada uno sea dueño de su propio trabajo, pero en equipo, donde solo el éxito global satisfará a todos.

En definitiva, los equipos de trabajo serán una de las principales herramientas, a través de la cual la empresa conseguirá la **colaboración continua e intensiva entre distintos profesionales**, generando beneficios basados en un equipo humano capacitado y dispuesto a realizar esfuerzos para el logro de unos objetivos claros y compartidos.

2.3. Liderazgo compartido

En la empresa que se configure mediante las personas y los grupos, es decisivo el papel que juegue el **liderazgo** y cómo este pueda ser distribuido por la organización fomentando la proactividad, iniciativa y autonomía, por una parte; y autoaprendizaje, autoorganización y autogestión, por otra.

Igualmente, es importante la gestión estratégica basada en competencias, y el desarrollo de extenso sentido de la realidad en todos los integrantes de la organización. Y, especialmente, desarrollar la responsabilidad, el respeto y la necesidad del otro, como fundamentos actitudinales prácticos para generar un espacio de conciliación, innovación y satisfacción.

Todos estos cambios han de ser asumidos y comprendidos por todas las personas, lo que permitirá alcanzar una situación de **liderazgo compartido**, uno de los pilares básicos del cambio (objetivos establecidos de forma participativa y comunicación fluida), apareciendo una nueva figura de líder. De este modo, todos los trabajadores deben ser animados a dirigir y coordinar, de forma temporal, alguno de los equipos de trabajo, asumiendo así cierto liderazgo en la empresa.

Cada equipo ha de tener sus líderes naturales, sus retos, su método de actuación y plazo/tiempo para su logro y, a la par, cada persona ha de comprender cómo su actuación influye en su equipo y cómo los logros del equipo contribuyen a los **objetivos colectivos de la empresa**. Es decir, para que estas ideas nuevas calen, es preciso transmitir con claridad a todas las personas que van a ser protagonistas de un cambio.

Por lo tanto, se ha de iniciar una **nueva cultura de comunicación e integración** de un equipo humano y un líder capaz de aunar experiencias e ilusiones, de manera que se logre dar sentido a los grandes esfuerzos particulares y colectivos.

Proceso y patrones de comportamiento en el liderazgo compartido

El propio líder ha de interiorizar el cambio, de manera que consiga que todo el personal se integre asumiendo y comprendiendo dicho cambio.

El despliegue del liderazgo se basa en:

▶   Motivación.

▶   Libertad de actuación.

▶ Credibilidad.

▶ No existencia de niveles de mando.

▶ Generación de líderes naturales en cada uno de los procesos.

Algunos **patrones de comportamiento** que afianzarán este proyecto de liderazgo compartido son:

- Los equipos de trabajo autodirigidos utilizados de forma efectiva.

- Estimulación y análisis de las ideas osadas.

- Realización de recomendaciones y sugerencias no solicitadas por parte de todos los miembros de la organización.

- Disponibilidad real de la información, que esté realmente para todos los trabajadores.

- Definición por parte de la dirección de resultados esperados, no de cómo obtenerlos.

- Toma de decisiones de forma rápida y en niveles inferiores.

- Existencia de menor número de opiniones sin justificación.

- Definición por parte de los propios trabajadores de su propio proceso, teniendo libertad en su horario de trabajo.

Este cambio se fundamenta en una nueva cultura de comunicación e integración de un equipo humano y un líder capaz de aunar los esfuerzos particulares y colectivos. Este nuevo estilo de liderazgo implica a todos los miembros de la organización, les hace partícipes, lo que les motiva a realizar su trabajo de la mejor manera posible. Este liderazgo compartido **conciencia a los trabajadores de su mayor responsabilidad** y les involucra mucho más en su trabajo, siendo recompensados por ello con una mayor flexibilidad horaria, que facilita la conciliación de su vida laboral y familiar.

2.4. Reorganización productiva

Una **organización que aprende** rompe con el modelo tradicional de división del trabajo, posee un sistema de comunicación eficiente que facilita los flujos de conocimiento en todas las direcciones, favorece el equilibrio entre las capacidades físicas y mentales de las personas en los grupos de trabajo teniendo en cuenta las características individuales de las personas, y potencia el aprendizaje de nuevos procedimientos de trabajo y la introducción de mejoras, creando el deseo de conocer y saber en los trabajadores a través de la formación, la motivación y la autonomía.

Por lo tanto, los **pilares básicos** en los que debe sustentarse esta nueva organización son:

⇨ **Liderazgo**

Nueva concepción de liderazgo compartido.

⇨ **Organigramas horizontales**

La estructura empresarial tiene que ser horizontal con los mínimos niveles jerárquicos. La organización debe basarse en procesos a través de equipos multidisciplinares y autogestionados.

⇨ **Delegación de responsabilidades**

Sin delegación es imposible mejorar respecto al año anterior con las mismas personas en plantilla. El trabajo tiene que estar repartido y distribuido entre todas las personas de la organización.

⇨ **Formación continua**

Es preciso invertir en el principal activo de la empresa: las personas, motivarlas y gestionar el conocimiento. Una de las habilidades más importantes de las personas de una organización debe ser la capacidad para aprender rápido y poder adaptarse pronto a los cambios.

⇨ **Adecuación de puestos de trabajo**

Se necesita conocer a las personas para ser conscientes de sus limitaciones y aprovechar sus puntos fuertes en el puesto de trabajo más adecuado para ellas.

⇨ **Reconocimiento del trabajo**

Las empresas deben reconocer el trabajo de sus empleados, tanto en el plano de la justa retribución salarial como en el del agradecimiento a la persona.

⇨ **Comunicación**

Los trabajadores deben conocer los planes de su organización, el estado económico y financiero de la misma y las incidencias laborales que puede haber, sean fusiones, absorciones u otros cambios organizacionales. La comunicación es un elemento necesario para dar a conocer las políticas de conciliación, su utilización, las ventajas, el compromiso, etc., incluso desde un punto de vista externo, que la sociedad sea consciente del compromiso de las Administraciones y empresas en dichos aspectos. La manera de llevarla a cabo se hace mediante comunicación interna, comunicación externa, notas de prensa y comunicados, participación en foros, participación en menciones y posibles certificaciones a otros sistemas.

⇨ **Salud laboral**

Se deben considerar conceptos como la prevención de riesgos, ergonomía, seguridad, higiene y salud laboral, etc.

⇨ **Gestión adecuada de los cambios**

La empresa debe hacer únicamente los cambios necesarios (aquellos en los que el beneficio supera al coste). La organización tiene que comunicar adecuadamente el cambio explicando porqué se hace y los sacrificios que conlleva. La empresa tiene que compartir los beneficios del cambio con los trabajadores siempre que proceda.

⇨ **Ética en el trabajo**

En una organización, el comportamiento ético de todos los que trabajan en ella tiene que ser una virtud que se desarrolle siempre. Los directores son responsables de la toma de decisiones éticas en sus organizaciones y de propagar esta actitud en el resto de trabajadores. Además, la ética es un factor competitivo ya que es el mercado el que está exigiendo un comportamiento ético del empresario y de la empresa.

⇨ **Programa de conciliación de la vida familiar y laboral**

Necesidad de dar respuesta a las crecientes demandas planteadas por los trabajadores de cara a compatibilizar su vida laboral y familiar.

Siguiendo el patrón que marcan los pilares en los que se ha de basar la organización, se puede plantear una **reorganización productiva** mediante distintas prácticas: horarios flexibles, teletrabajo, semanas laborales comprimidas, horas por año, puestos compartidos, reducción de jornada y/o trabajo a tiempo parcial.

2.5. Medidas para implantar un modelo de conciliación

2.5.1. Áreas de la empresa donde aplicar medidas

El proceso de implantación del cambio se ha de llevar a cabo mediante una serie de fases, adoptando determinadas medidas en torno a unas áreas concretas de la empresa:

▶ **Cultura organizativa**

Creación de una cultura democrática. Este factor constituye el contexto en el que se desarrollan el resto de factores y medidas a implantar. Ningún sistema formal de participación funciona sin valores compartidos de democracia, confianza, responsabilidad y respeto. El sistema de valores que apoya la democracia incluye aspectos como: comunicación libre y total entre todos los niveles de la organización y confianza en el consenso en lugar de en la coerción.

▶ **Fomento de un liderazgo compartido**

La democracia se construye desde el personal de más bajo nivel, diseñando la empresa en base a grupos de trabajo en los que se fomente la rotación en el liderazgo. Desde los puestos de más responsabilidad en la organización, en una estructura plana, se trata de desarrollar un liderazgo que favorezca la participación, algo que se convierte en imprescindible en la medida en que se trate de líderes elegidos por los miembros de la organización.

▶ **Constitución de equipos de trabajo autogestionados**

La interacción cara a cara necesaria para conseguir la participación directa no puede ser mantenida en algo mayor a un pequeño grupo. Estas son las unidades básicas sobre las que se debe construir una organización democrática y deben funcionar como minúsculas empresas que colaboran con otros equipos e incluso con el exterior.

▶ **Fomento de la libertad de información y transparencia**

En cualquier organización y especialmente en una organización democrática, debe compartirse la información y seguirse la opinión de sus miembros mediante encuestas. La transparencia requiere que toda la información relevante para tomar decisiones se encuentre disponible para los miembros implicados en la toma de la decisión o afectados por ella.

▶ **Personas. Educación y formación**

Ambos aspectos son necesarios para desarrollar la democracia en las organizaciones. Los empleados/as necesitan recibir formación en aspectos profesionales de manera que resulten útiles, sus opiniones sean tenidas en cuenta en la toma de decisiones y sean más flexibles para la organización.

▶ **Proceso de democratización. Autocrítica y dinamismo**

El sistema democrático debe admitir la autocrítica y estar abierto a su continua evolución. Además, es preciso canalizar las críticas, dialogar y hacer salir a la superficie los conflictos para resolverlos. Los directivos pueden promover un entorno de participación, pero no pueden forzarlo. El cambio hacia una mayor democratización debe ser realizado de manera progresiva, en etapas graduales y requiere tiempo.

2.5.2. Fases del proceso de implantación

El proceso de implantación del cambio ha de ser fruto de una evolución a través de una serie de **fases** orientadas hacia la consecución de una conciliación entre la vida familiar y la empresarial. Las fases de este proceso son:

1. **Ideas de cambio**

    Difusión de las ideas de cambio, recogidas en la misión y los valores de la empresa, en las que participen todos los trabajadores.

2. **Establecimiento del posicionamiento estratégico de la empresa**

Una vez que las ideas hayan sido difundidas se ha de comenzar a aplicar sistemas para compartir experiencias y conocimientos mediante la participación activa de la mayoría de los trabajadores de la organización. Las políticas de conciliación suponen cambios, no solo en los trabajadores sino también en el personal involucrado en la gestión, de modo que se demanda formación especializada. La formación es un eje básico en cualquier proceso de cambio y una de sus herramientas más potentes, por lo que la empresa debería impartir una serie de cursos y servicios relacionados con el área de formación, siendo estos, por ejemplo: cursos de formación de agentes conciliadores, de gestión del tiempo para facilitar la conciliación, sobre conciliación para responsables de recursos humanos, diseño de programas de formación y cursos a medida, elaboración de material didáctico a medida, e-learning personalizado, etc.

3. **Cambios radicales en la organización**

Se ha de producir una reflexión estratégica, de manera que se rediseñen los procesos y se cambie el organigrama en sentido vertical y horizontal de modo que todo el trabajo se organice a partir de equipos multidisciplinares, con amplia autonomía y escasa supervisión. Serán los propios equipos de trabajo los encargados de fijar periódicamente los objetivos relacionados con la productividad, la calidad, el cumplimiento de los plazos de entrega al cliente y otras mejoras operativas. La estrategia desarrollada permitiría hacer compatibles cambios incrementales y mejoras radicales en un modelo de reingeniería.

4. **Trabajo en equipo**

Para alcanzar el éxito han de utilizarse diferentes sistemas, prácticas y herramientas relacionadas con la estrategia y las características esenciales de la empresa, siendo una de las más importantes la organización del trabajo en equipo. Además, se pueden llevar a cabo programas de sensibilización para los equipos de trabajo a través de medidas concretas, por ejemplo: organización de jornadas sobre la conciliación, elaboración de campañas de comunicación, elaboración de material divulgativo, jornada de puertas abiertas, obtención de certificados, asunción del Libro Blanco de la Conciliación, buenas prácticas y recomendaciones, etc.

Comparativa entre la empresa proyecto de conciliación y la empresa tradicional

ASPECTO	EMPRESA PROYECTO DE CONCILIACIÓN	EMPRESA TRADICIONAL
Estrategia	Redefinición de la estrategia en función de las necesidades de conciliación familiar y laboral que vayan surgiendo.	Única, decidida, explícita y detallada.
Organización	Horizontal. No existen mandos intermedios.	Vertical. Alto nivel de jerarquización.
Gestión	Por procesos.	Por funciones.
Modelo de elaboración de estrategias	Existe un aprendizaje emergente a través del comportamiento que estimula a pensar retrospectivamente.	Distintas etapas delimitadas por controles y apoyadas en técnicas.
Fortaleza	Flexibilidad/Adaptabilidad.	Estabilidad.
Cambio	Rápido.	Lento.
Control	El sistema en conjunto aprende. El líder también.	La ejecución recae en los planificadores, la responsabilidad en el presidente ejecutivo.
Dirección por	Retos en base a pensamientos estratégicos compartidos y logro de metas comunes. El objetivo común es el cliente.	Programación detallada de tareas, en base a la planificación estratégica según previsiones, que se establece mediante reglas.
Función del liderazgo	Dirigir el proceso de aprendizaje estratégico.	Responsabilidad del proceso global.
Implantación del cambio	El límite entre formulación e implantación se hace indistinguible en el proceso de aprendizaje.	Deben explicitarse detalladamente los objetivos, presupuestos, etc., para poder implantarse. La estrategia ha de estar perfectamente formulada antes de ser implantada.

3. Servicios de proximidad

3.1. Concepto

Los **servicios de proximidad** (teleasistencia, servicio de ayuda a domicilio, comida a domicilio, lavandería a domicilio, etc.) nacen para dar apoyo a las personas que viven en sus domicilios cuando, por diversos factores, necesitan ayuda de un tercero por situaciones de salud, caídas, problemas de soledad, etc., contribuyendo a mejorar problemas de autonomía personal y evitar situaciones de aislamiento y soledad.

Tienen funciones diversas y, en muchas ocasiones, complementarias, ofreciendo la atención necesaria para que las personas mayores y/o dependientes puedan continuar viviendo en sus casas, siempre que no haya una dependencia tan severa que lo haga imposible.

Por su propia naturaleza, los servicios de proximidad mantienen un contacto continuado con las personas que lo necesitan y con su entorno, lo que por una parte les permite actuar ellos mismos como una herramienta de prevención y, por otra parte, les coloca en una posición privilegiada para poder detectar necesidades y situaciones de riesgo.

Por ello es necesario que los profesionales que prestan estos servicios cuenten con la formación requerida para cada categoría profesional. Pero esto no es suficiente, la capacitación profesional tiene que ser continua y, además, el profesional ha de tener las competencias propias del puesto, estar inmerso en un equipo de trabajo y motivado para el desempeño de sus tareas.

Todos los servicios de proximidad tienen un coste, por supuesto distinto en función de la prestación, pero no han de verse solo como un coste, sino como una inversión con retornos:

- La asistencia a las personas mayores en su medio habitual, en su domicilio, en su barrio.

- Prevención de la dependencia que supone un menor gasto social y sanitario.

- El empleo que produce.

Las Administraciones Públicas, entidades y empresas, deben implicarse en valorar la situación de los distintos servicios, pensar en nuevas prestaciones que se podrían realizar en los domicilios de la persona dependiente para rentabilizar lo máximo posible, tanto económica como socialmente, las distintas prestaciones.

Los dos más importantes son el Servicio de Ayuda a Domicilio (SAD) y el de teleasistencia, los estudiaremos en los siguientes epígrafes.

3.2. Servicio de ayuda a domicilio (SAD)

3.2.1. Objetivos

 La norma de calidad UNE 158301:2015 define el servicio de ayuda a domicilio como un programa individualizado, de carácter preventivo, educativo, asistencial y rehabilitador, en el que se articulan un conjunto de servicios y técnicas de intervención profesionales consistentes en atención personal, doméstica, de apoyo psicosocial, familiar, convivencial, de relaciones con el entorno y otros, prestados en el domicilio de aquellas personas cuya independencia funcional se encuentra limitada, o que atraviesan una situación que causa su dependencia en algún grado.

A) Objetivo general

Incrementar la autonomía de la persona usuaria del servicio y apoyar a su familia o unidad de convivencia, para que pueda permanecer en su domicilio y su entorno habitual el mayor tiempo posible, manteniendo el control sobre su propia persona.

B) Objetivos específicos

El servicio se debe orientar hacia la consecución de los siguientes objetivos específicos:

⇨ **Con las personas en situación de dependencia**

▶ Promover cambios conductuales en la persona tendentes a mejorar su calidad de vida.

▶ Facilitar la realización de tareas y actividades que no puede ejecutar por sí misma.

▶ Fomentar el desarrollo de hábitos saludables (alimentación, higiene...).

▶ Potenciar, dentro de las posibilidades de la persona, el desarrollo de actividades en su propio domicilio y entorno comunitario.

▶ Prestar los apoyos necesarios para facilitar su autonomía, mantener su independencia y seguir viviendo en su domicilio.

▶ Proporcionar seguridad, atenuando sus temores de sentirse desasistida en caso de necesidad y aumentar su autoestima personal.

▶ Favorecer su salud mental y retrasar el deterioro, manteniendo su hábitat, su relación con las personas, lugares y objetos que han configurado su entorno existencial y paliar así posibles problemas de aislamiento social.

▶ Adecuar la vivienda a las necesidades de la persona atendida.

En definitiva, respetar el sentir mayoritario, que expresan el deseo de permanecer en su domicilio el mayor tiempo posible.

⇨ **Con las familias**

▶ Mejorar el equilibrio personal del individuo, de su familia y de su entorno, potenciando los vínculos familiares, vecinales y de amistad.

▶ Ofrecer un apoyo social y asistencia a las familias y/o cuidadores que realizan el esfuerzo de mantener en su medio a las personas mayores y/o con discapacidad.

▶ Mantener informados a los familiares sobre la evolución de la persona atendida con discapacidad y/o dependencia.

▶ Favorecer el apoyo a las familias para que puedan continuar su actividad laboral garantizando que las personas que lo precisan estén atendidas.

3.2.2. Prestaciones

• **Atención doméstica**

⇨ Limpieza de la vivienda.

⇨ Lavado, planchado, repaso y organización de la ropa dentro del hogar.

⇨ Realización de compra de alimentos y de otros productos de primera necesidad, a cargo del usuario.

⇨ Elaboración de alimentos en el hogar.

⇨ Tareas de mantenimiento básico de utensilios domésticos y de uso personal.

• **Atención personal**

⇨ Apoyo en la higiene personal.

⇨ Apoyo en la movilización dentro del hogar.

⇨ Adiestramiento en la realización de actividades de la vida cotidiana en el entorno doméstico.

⇨ Ayuda para la ingestión de alimentos.

⇨ Ayuda en la toma de medicamentos.

⇨ Recogida y gestión de recetas y demás documentos.

⇨ Acompañamiento al usuario para facilitar respiro familiar al cuidador principal.

3.3. Teleasistencia domiciliaria (TAD)

3.3.1. Objetivos

Es un servicio asistencial y preventivo que favorece la permanencia de los usuarios en su medio habitual en contacto con su entorno sociofamiliar. Les permite mantener su autonomía con la tranquilidad de contar de forma inmediata con ayuda, si la necesitaran.

El servicio **ofrece apoyo y ayuda personalizada las 24 horas** del día, a través de la línea telefónica fija y móvil y un equipamiento de comunicaciones e informático específico, permitiendo a las personas mayores y/o dependientes entrar en contacto verbal con un centro de atención especializado, con solo presionar el pulsador que han de llevar siempre consigo, bien como colgante o como pulsera. En las situaciones que lo requiera se presta asistencia directa y personal al usuario.

En cuanto a su funcionamiento, es el siguiente:

▶ Se instala en el domicilio un equipo que va conectado a una central de atención de llamadas (CA), a través de la línea telefónica.

▶ El equipo dispone de un pulsador en forma de colgante o pulsera, que permite activar el sistema desde cualquier parte del domicilio y establecer comunicación manos libres con el centro de atención.

▶ El operador recoge información, consulta el expediente sociosanitario y moviliza los recursos necesarios para solucionar la contingencia. Si fuera preciso, se envía la unidad móvil al domicilio.

▶ Posteriormente, se realiza seguimiento telefónico para confirmar la llegada de los recursos y la resolución de la crisis.

- **Objetivos**

Los objetivos de la teleasistencia domiciliaria son:

- Atender de forma inmediata las necesidades y demandas de usuarios ante contingencias personales, sociales o médicas.

- Proporcionar y transmitir al usuario la sensación de apoyo que atenúe los temores de este al sentirse desasistido en caso de necesidad.

- Recordar la realización de actividades a través de una agenda personalizada.

- Reducir los sentimientos de soledad y evitar estados de angustia y ansiedad al ofrecer seguridad y un contacto permanente.

- Apoyar o complementar a otros servicios (servicio de ayuda a domicilio, centro de día, etc.).

- Todo lo anterior está orientado a su objetivo general, que es favorecer la permanencia de la persona en situación de fragilidad o dependencia en su medio habitual de vida.

3.3.2. Prestaciones

Veamos las prestaciones de la teleasistencia domiciliaria:

⇨ Atención inmediata. El servicio de TAD ofrece atención inmediata las 24 horas del día, los 7 días de la semana.

⇨ Movilización de los recursos necesarios ante cualquier emergencia, desplazando al domicilio los recursos necesarios para solventar esa crisis.

⇨ Seguimiento telefónico y presencial de las situaciones de emergencia. Siempre respetando la autonomía, intimidad y ayuda si lo necesitas (pero solo si lo necesitas).

⇨ Atención presencial en el domicilio a través de la unidad móvil. La unidad móvil agiliza la resolución de las situaciones de crisis desplazándose al domicilio para hacer una primera valoración del estado del usuario y en colaboración con el resto de recursos comunitarios (servicios sanitarios, emergencias sociales, bomberos, fuerzas de seguridad, etc.) para dar una resolución ágil al problema planteado.

⇨ Custodia de llaves. El rápido desplazamiento de las unidades móviles y la posesión de llaves de los usuarios, permite una atención eficaz de las situaciones de crisis y evitar consecuencias derivadas de un retraso en la atención (por ejemplo, en caso de caída).

⇨ Agenda personal de seguimiento. Con propósito preventivo, se programan llamadas con diversas finalidades.

⇨ Recordar la realización de actividades: toma de medicación, consultas médicas, cumpleaños, etc.

⇨ Realizar seguimiento del estado personal (salud, relación con el entorno, etc.).

⇨ Dar apoyo continuado mediante llamadas que realiza habitualmente la misma persona, que se convierte en el operador de referencia y con el que se acaba creando una relación de confianza.

⇨ Estimular al mayor a una vida activa y saludable: hábitos alimenticios, ejercicio diario, etc.

⇨ Coordinación con otros servicios: centros de día, teleasistencia, SAD, centros salud.

El servicio de teleasistencia tiene un alto componente tecnológico y esto lo hace idóneo para incorporar nuevas prestaciones que ofrecen las nuevas tecnologías, por ejemplo:

A)   Teleasistencia para personas con dificultades de comunicación

SmartCom es un sistema pionero de comunicación ideado para personas usuarias con deficiencias auditivas o en el habla que les impidan la comunicación efectiva a través del dispositivo de teleasistencia (por déficits sensoriales, traqueotomía, afasia, etc.) y no sufran deterioro cognitivo o de memoria, temblores esenciales o deficiencias visuales. Deberán tener conocimientos básicos de lectura y escritura, y buena movilidad de manos.

Este sistema ha supuesto un avance en accesibilidad, al hacer posible una atención plena a personas usuarias del servicio de teleasistencia con dificultades de comunicación verbal, ampliando las posibilidades de interacción que estas personas usuarias tenían anteriormente con el centro de atención, tanto en casos de emergencia como en el seguimiento periódico de su estado.

B) Telemedicina para usuarios con enfermedades crónicas y dificultades de movilidad

Aunque todavía incipiente, la telemedicina es un medio eficaz para la atención de personas con enfermedades crónicas, residentes en sus domicilios (telemonitorización) y con dificultades para desplazarse a los centros de salud. Existen ya en el mercado herramientas (equipos y software) que permiten, por ejemplo, la monitorización de enfermos crónicos con un doble objetivo: un seguimiento más intensivo sin necesidad de desplazamientos (la persona puede tomarse las medidas en casa diariamente a través del sistema, que avisará si existen valores anormales) y una disminución de la frecuentación de los crónicos a los servicios de salud (atención primaria, especializada y urgencias).

C) Telerrehabilitación por medio de tecnologías de la información para la intervención y soporte a distancia de personas con discapacidad

La telemonitorización de enfermos crónicos o la telerrehabilitación son dos ejemplos claros de telemedicina que pueden implantarse en colaboración con el servicio de teleasistencia, de manera que se aprovechen sinergias, se optimicen recursos y se gane en eficiencia.

D) Domótica en domicilios

Son también diversos los sistemas de domótica que existen actualmente y que podrían integrarse con el equipamiento de teleasistencia para hacer más sencilla la vida de las personas dependientes (apertura de puertas, control de climatización, control de hábitos para detectar anomalías, etc.).

4. Servicios de apoyo

4.1. Política de servicios

Se contemplan diferentes tipos de **servicios que facilitan la conciliación familiar** y reducen la carga del empleado fuera de la empresa.

El razonamiento no es solo que "cuanto menor sea la carga de trabajo fuera de la empresa, menos preocupado estará y más trabajará" sino que más bien responde a una actitud de política de servicios, paralela a la política salarial. Las personas no necesitan únicamente dinero para vivir, sino mayor calidad de vida: tiempo y, por tanto, servicios.

 Algunos ejemplos son el cuidado de niños, de personas mayores, y tareas domésticas como la limpieza y la compra. La mayoría de estas medidas tienen un coste mínimo para la empresa y una gran efectividad en la conciliación.

Tan solo es necesario tener en cuenta que la empresa ofrece soporte en la resolución de los distintos problemas, pero **no da una única solución**. Deben, por tanto, quedar garantizadas dos cosas: el derecho a la vida privada y a todos los datos que hagan referencia a ella, y el derecho de los padres a dar a sus hijos la educación que consideren conveniente. Esto último queda garantizado en las opciones más comunes ofertadas por las empresas: cheque escolar y cheque guardería, que facilitan la elección.

Esta tabla presenta un ejemplo detallado de las opciones en torno al cuidado de niños y personas mayores, así como otros servicios domésticos.

1. Información sobre guarderías
Los empleados pueden consultar en el departamento de RRHH información sobre guarderías fuera de la empresa.
2. Guardería dentro de la empresa
La empresa facilita servicios de guardería gratuitos o subvencionados dentro de la empresa.
3. Guardería fuera de la empresa
Este apoyo puede ser: • Prioridad en la disponibilidad de plazas en guarderías locales. • Plazas reservadas en guarderías locales, pagadas por la empresa. • Descuentos en guarderías locales.
4. Apoyo económico por el empleador para sufragar gastos de guardería
La empresa proporciona apoyo económico para sufragar los gastos de guardería fuera de la empresa. Podría ser: • Dinero en metálico. • Cheques especiales que solo se pueden usar para pagar servicios de guardería, similares a los tickets restaurante.

5. Provisión o pago de servicios de guardería o canguro durante los viajes de trabajo u horas extras

A los empleados que tienen que viajar o trabajar fines de semana se les compensan los servicios de guardería o canguro que tienen que pagar para estar disponibles para la empresa.

6.Información sobre centros para el cuidado de ancianos

Los empleados pueden consultar en el departamento de RRHH sobre centros para el cuidado de ancianos fuera de la empresa.

7. Servicios para el cuidado de ancianos fuera de la empresa

La empresa facilita servicios de cuidado de ancianos gratuitos o subvencionados en un centro fuera de la empresa.

8. Plazas reservadas en colegios locales

La empresa reserva plazas en colegios cercanos, es decir, los empleados tienen prioridad en la disponibilidad de plazas a precios normales.

9. Otros servicios

Tintorería, compras, transporte, aparcamiento, centro de deportes, etc.

4.2. Servicios de cuidados familiares

4.2.1. Servicio de guardería subvencionado

La empresa facilita servicios de guardería gratuitos o subvencionados a sus empleados.

La gran mayoría de las empresas carecen de un servicio interno de guardería. Varias de ellas estudian esta posibilidad, pero se enfrentan a varios problemas: escasez de espacio, escasez de número suficiente de empleados, pocas organizaciones que ofrezcan servicios de guardería que puedan proveerlo en varias ciudades, problemas de igualdad mal entendida (¿cómo compensar a los empleados que no tienen hijos?), o problemas jurídicos (¿quién se hace responsable si un niño se hace daño en una guardería de la empresa?).

Uno de los directores de personal afirmaba que el cuidado de niños es responsabilidad del Gobierno, no de la empresa. Otra ejecutiva de esta misma área –ella misma madre– piensa que un empleado nunca podría trabajar concentrado sabiendo que su hijo está en el piso de abajo, en el centro de guardería de la empresa.

En definitiva, muchos de estos directores de personal dijeron que preferían ofrecer más flexibilidad, y sueldos por encima de la media, para que los padres puedan organizar el cuidado de sus hijos ellos mismos. Y es que este es, sin duda, uno de los servicios más caros y más discutidos que puede ofrecer una empresa, y uno de los primeros en desaparecer cuando la empresa quiere reducir gastos.

4.2.2. Información de guarderías y de colegios

Los empleados pueden consultar al departamento de personal para recibir información sobre guarderías y colegios fuera de la empresa.

A través de la intranet de la empresa y dentro de un paquete completo de información de servicios para el empleado (atención a niños y ancianos, ocio, compras con descuento, etc.). Esta opción tiene un costo inicial para la empresa que más tarde es amortizado con creces gracias al aumento en el rendimiento y en la fidelización del empleado.

La intranet, algo usual en las grandes corporaciones, puede sustituirse en las pymes por un servicio conjunto ofrecido por empresas del mismo sector o del mismo polígono.

También es muy útil y valorada la vía tradicional: el responsable de personal dispone de direcciones de confianza o conoce los puntos de información adecuados y los facilita al empleado, personalizando para él un plan.

4.2.3. Información sobre centros de ancianos y discapacitados

Los empleados pueden consultar al departamento de personal para recibir información sobre centros para el cuidado de ancianos y discapacitados.

Aproximadamente uno de cada tres empleados tiene un ascendiente mayor y con algún grado de discapacidad o dependencia.

La Ley protege y ayuda a estas personas y sus familias, pero, muchas veces, por desconocimiento o falta de tiempo para gestionarlos o informarse, estos beneficios no se utilizan.

4.3. Adaptación del puesto de trabajo

Un empleado estresado está más irritable, rígido o cansado. Para muchos empleados, el hogar es el sitio donde se recargan las pilas para otro día de trabajo intenso. Además, la familia también sufre las consecuencias negativas. Por otra parte, los cambios temporales en la familia (nacimiento, desempleo o incorporación del cónyuge en un nuevo trabajo, separación conyugal, etc.) pueden repercutir en el trabajo. Para **reducir los conflictos, tensiones entre trabajo y familia**, es preciso adaptar, o bien el trabajo (carga de trabajo o responsabilidades) o adaptar a la persona (capacitar al empleado para manejar el estrés).

Es importante que todos estos cambios se hagan de acuerdo no solo con la información que se dispone, sino también con la opinión y proyectos del empleado, mediando para ello una o varias conversaciones. *No tenemos que invocar el altruismo para recomendar que las organizaciones se aseguren de que sus empleados estén en los puestos adecuados, que van a poder arreglárselas con los cambios que la empresa les pida, y que tengan las herramientas necesarias para una autoevaluación realista. Hacer esto es esencial para la moral y para la productividad de la organización*, afirma un director de personal.

▶ **Adaptación del trabajo:** el empleado continúa en el mismo puesto, pero la carga de trabajo o responsabilidades se adaptan temporalmente.

▶ **Rotación del puesto de trabajo:** al empleado se le da, temporalmente, otro puesto de trabajo que se adapta mejor a la relación responsabilidad/capacidad.

▶ **Mutación del trabajo:** al empleado se le da, temporalmente, menor carga de trabajo para conseguir una mejor relación responsabilidad/capacidad.

Cambiar de un puesto a tiempo completo a otro a tiempo parcial, normalmente supone un cambio en el contenido del trabajo. Además compartir un puesto no solo crea flexibilidad de tiempo, sino también un cierto alivio al compartir la responsabilidad. Un compañero que comparte el mismo puesto también puede representar una fuente de apoyo social, que es un arma importante contra el estrés.

 En el caso de IBM, se tiene un interesante enfoque del cambio de actividad dentro de la empresa. Para ellos, flexibilidad es sinónimo de confianza en las capacidades de su gente. Por tanto, el problema hoy en día ya no es el espacio o el lugar en el que se desarrolla el trabajo, sino la propia actividad.

Un tipo de rotación de trabajo al que merece la pena dedicar atención, es el caso de movilidad geográfica. Básicamente, cuando hablamos de movilidad geográfica nos referimos a tres supuestos:

1. Traslado: el trabajador presta sus servicios fuera del centro de trabajo y esto implica cambio de residencia.

2. Desplazamiento a España de trabajadores en el marco de una prestación de servicios transnacional: trabajadores de otras nacionalidades prestan sus servicios en empresas españolas.

3. Desplazamiento de trabajadores españoles a otros países en los que la empresa tiene sede (expatriados).

En todos los supuestos, la empresa debe garantizar las condiciones de trabajo en el lugar de desplazamiento, siendo de aplicación la legislación más favorable aplicable a su contrato de trabajo, convenios o contratos individuales.

En muchos casos, los cambios de circunstancias personales (casi siempre familiares), hacen necesaria esta mutación del puesto de trabajo.

4.4. Políticas de asesoramiento personal

Algunos afirman que la formación es síntoma de que la empresa toma medidas preventivas porque capacita al empleado individual para gestionar la presión de tiempo y las nuevas responsabilidades adquiridas en la familia.

Otros dicen que la formación no es suficiente, ya que no ataca la raíz del problema. Para según qué empleados, un curso sobre la gestión del estrés se puede interpretar como un acto hipócrita si al mismo tiempo se incrementa la carga de trabajo, por ejemplo, después de una reestructuración.

Este tipo de medidas, al basarse en información privada, deben ser aplicadas con sumo cuidado, respetando y protegiendo los datos de cada empleado según la Ley de protección de datos vigente, y teniendo en cuenta el derecho a la vida privada de cada persona. Por otra parte, resultaría poco ético que el conocimiento de estos datos condicionara *a priori* futuros ascensos, promociones o decisiones laborales sin mediar, previamente, una conversación con el empleado.

La siguiente tabla ofrece un resumen de los posibles cursos a impartir: cursos prenatales y de educación de los hijos, cursos que enseñan a los empleados a manejar el estrés y los conflictos en el trabajo y en casa, y cursos de gestión del tiempo, de apoyo o asesoramiento personal:

1. Papel como padres y educación de los hijos
Cursos que contribuyen a que los empleados y sus cónyuges se preparen ante el reto de tener un nuevo hijo y su posterior educación.
2. Conflictos trabajo-familia
Ayudan a los empleados y a sus cónyuges a manejar conflictos entre el trabajo y la familia, y a tratar cuestiones de trayectoria profesional y personal.
3. Curso prenatal y sobre nutrición
4. Gestión del tiempo
Ayudan a los empleados a organizarse mejor.

5. Gestión del estrés
Ayudan a los empleados a relajarse, analizar la fuente del estrés, a adoptar técnicas de resolución de problemas y cómo enfrentarse a ellos
6. Gestión de conflictos
Ayudan a los empleados a gestionar los conflictos con compañeros, clientes, proveedores y también con el cónyuge
7. Formación en las diferencias entre hombres y mujeres

4.5. Políticas de apoyo profesional

Para poder adaptar el puesto de trabajo en función de una variación en la situación privada, la empresa debe disponer de un sistema para detectar, tratar y seguir estos cambios. Por esto, la **mentoría** es una parte esencial para aplicar las políticas de flexibilidad y de ayuda a la conciliación de los distintos ámbitos de la vida que concilien trabajo y familia. Hay diferentes tipos de asesoramiento para estos problemas: asesoramiento de carrera profesional, asistencia sociopsicológica, asesoramiento jurídico/fiscal y asistencia a expatriados.

La siguiente tabla ofrece un resumen de los posibles servicios de asesoramiento y apoyo profesional:

1. Asesoramiento de trayectoria profesional (en el que se trata explícitamente la conciliación trabajo y familia/vida personal)
Para cuestiones relacionadas con el trabajo y la trayectoria profesional. Ofrecido por el jefe directo o especialista de personal.
2. Asesoramiento psicológico/familiar
Para problemas sociales/psicológicos privados (por ejemplo, separación, hijos con problemas de aprendizaje, estrés). Ofrecido por el médico de la empresa, asistentes sociales, psicólogos y expertos en personal.
3. Asesoramiento financiero/fiscal
Para cuestiones tales como créditos, hipotecas, etc.
4. Asesoramiento legal
Para procedimientos legales, cambios de contrato laboral, etc.
5. Asesoramiento para expatriados
Para empleados emigrantes y sus familias.

4.6. Beneficios sociales o extrasalariales

Una última categoría consiste en diferentes tipos de beneficios extrasalariales, también llamados sociales, que pueden aliviar las mentes de los empleados en cuanto a la atención y cobertura sanitaria de sus familias.

Algunos ejemplos de beneficios sociales son:

1. Seguro médico para el cónyuge
2. Seguro médico para los hijos
3. Seguro para personas con discapacidad
4. Seguro médico global Que comprende enfermedades serias/crónicas no cubiertas por el seguro normal.
5. Plan de jubilación
6. Seguro de vida
7. Fondo médico de empresa Cubriendo costes asociados con enfermedades serias/crónicas de miembros de la familia.
8. Coche de empresa
9. Reembolso de costes de transporte incurridos durante horas no laborales
10. Ticket restaurante
11. Actividades lúdicas La empresa organiza para los empleados y sus familias actividades de carácter lúdico: comidas, cine, etc.
12. Retribución a la carta La empresa ofrece a los empleados la posibilidad de dedicar parte de la paga variable a servicios personales en condiciones ventajosas: compra de equipos de informática, cursos de inglés, etc.

5. Experiencias concretas

5.1. Fifth Tribe: cómo una gestión creativa genera nuevas perspectivas

El equilibrio entre trabajo y vida personal a menudo se distingue solo por el tiempo que dedicamos a uno y otro ámbito. Sin embargo, las compañías excelentes que se atreven a dar un paso más e implementan iniciativas reales de conciliación apuestan, de entrada, por un modelo de *management* creativo.

Este es el caso de la empresa especializada en desarrollo de aplicaciones Fifth Tribe. Su director general, Farhad Chowdhury, trabaja con sus colaboradores mientras realizan una intensa caminata de 6 kilómetros, en lugar de reunirse con ellos en la sala de juntas.

De esta manera, no solo consigue que sus trabajadores piensen de forma creativa porque se encuentran fuera de su ámbito de trabajo, sino que también promueve una mayor camaradería entre compañeros por haber compartido a la vez esta experiencia de superación colectiva de un reto físico que de ninguna manera se hubiera producido en una sala de reuniones.

Esta manera creativa de pensar concuerda con la teoría de neurólogos como Alice Flaherty, según la cual nuestro cerebro genera grandes ideas cuando experimenta sensaciones ricas en dopamina (en este caso la actividad física), y que, aplicado al mundo profesional, puede fomentar líneas de trabajo mucho más creativas.

Otra buena práctica en materia de gestión y que quizás es más viable de aplicar en el día a día de una empresa, es la apuesta por la retribución flexible, un sistema que fomenta la motivación, conciliación y, por ende, la productividad de los trabajadores de manera considerable, ya que hace posible que la persona adapte en cierta medida su retribución a sus necesidades económicas, personales y familiares.

5.2. Wegmans: flexibilidad horaria

En general, los profesionales desean trabajar para vivir y no vivir para trabajar y, en este sentido, la flexibilidad es un criterio muy importante para mantener o cambiar de trabajo.

Para la mayoría de trabajadores, poder contar con facilidades para dejar/recoger a los niños de la escuela, asistir a una clase en el caso de los empleados junior, o poder estar presente en un evento familiar importante, tiene un valor inmenso.

Una compañía abanderada de esta práctica es la cadena de supermercados norteamericana Wegmans, que entiende las diferentes necesidades que pueden tener sus empleados según su edad y situación familiar y les garantiza el equilibrio laboral y personal.

Yendo un paso más allá, Jason Fried, cofundador de la firma de aplicaciones móviles y programación web Basecamp, abandera la promoción de un ambiente profesional flexible mediante el cambio de conceptualización de la jornada laboral. Fried sugiere convertir lo que siempre se ha conocido como día de trabajo, por una serie de "momentos de trabajo". En otras palabras, trata de adaptar los horarios de cada trabajador de forma personalizada, atendiendo a sus necesidades para que puedan enfocar su energía de la manera que les sea más productiva.

5.3. Philips: suficientes vacaciones para desconectar

Las vacaciones son increíblemente importantes para tomarse tiempo para desconectar, recargar pilas, disfrutar de la familia, pareja o amigos, y conseguir volver al trabajo emocionado y motivado, y la compañía Philips es un gran exponente de ello.

Por otro lado, desde el punto de vista del empleador o directivo, tomarse un respiro fuera de la oficina puede ser una excelente oportunidad para ver cómo el equipo funciona sin él y evaluar el rendimiento o las necesidades de formación de sus empleados.

5.4. American Express: cuando los padres pueden ejercer de padres

Cualquier padre o madre entiende que criar a un hijo (por no mencionar varios niños) ya es un trabajo en sí mismo, que puede requerir atención a cualquier hora del día. Por este motivo, las empresas ponen en marcha iniciativas de apoyo a las familias, por ejemplo, el servicio de guardería corporativo o cheques guardería como el de Up Spain, que ofrece beneficios sociales a los empleados con hijos a su cargo.

El proveedor de tarjetas de crédito y servicios de viajes American Express ofrece un servicio de guardería a disposición de sus empleados en su misma sede corporativa que ejemplifica la excelencia en las prácticas de conciliación laboral y familiar.

 Es imprescindible señalar que no todas las empresas disponen de los mismos márgenes organizativos y, en este sentido, no son comparables las posibilidades que puede tener una empresa de gran tamaño frente a una microempresa o pyme, que no dispone de los mismos recursos para hacer frente a las distintas situaciones de conciliación.

Se deben atender las necesidades de cada empresa a la hora de configurar las medidas de conciliación necesarias, así como a las propias necesidades de los trabajadores, que también pueden variar de unos a otros.

Son varios los elementos que se barajan en el ámbito de la negociación colectiva. En cualquier caso, se deben tener en cuenta las necesidades y posibilidades de la empresa para hacer frente a las situaciones que se presenten en materia de conciliación.

La conciliación de la vida familiar y laboral supone un proceso de cambio organizativo. Este cambio organizacional surgirá como fruto de un cambio cultural, basado en la creación de equipos de trabajo multidisciplinares autogestionados.

Además, el impulso de la conciliación entre la vida familiar y laboral en la empresa conlleva una nueva política de recursos humanos basada en las personas, de manera que todos los miembros de la organización participen en un proyecto de liderazgo compartido y se sometan a una reorganización productiva.

El proceso de implantación del cambio ha de ser fruto de una evolución en unas áreas determinadas, a través de una serie de fases orientadas hacia la consecución de una conciliación entre la vida familiar y la empresarial.

Los servicios de proximidad (teleasistencia, servicio de ayuda a domicilio, comida a domicilio, lavandería a domicilio, etc.) nacen para dar apoyo a las personas que viven en sus domicilios cuando, por diversos factores, necesitan ayuda de un tercero por situaciones de salud, caídas, problemas de soledad, etc., contribuyendo a mejorar problemas de autonomía personal, y evitar situaciones de aislamiento y soledad.

Se contemplan diferentes tipos de servicios de apoyo que facilitan la conciliación familiar y reducen la carga del empleado fuera de la empresa. Las personas no necesitan únicamente dinero para vivir, sino mayor calidad de vida: tiempo y, por tanto, servicios.

TEST DE UNIDADES DIDÁCTICAS

Enunciados

Unidad 1

1. Para abordar el tema de la conciliación de la vida laboral y familiar, es indispensable hacer referencia a:

a) Como se organiza el trabajo de los hombres.
b) Como se organiza el trabajo entre hombres y mujeres.
c) Como se organiza el trabajo de las mujeres en la empresa.
d) Todas son correctas.

2. El espacio privado es al que han sido asignados históricamente los hombres:

a) Verdadero.
b) Falso.

3. Señala cuál de estas afirmaciones es la correcta:

a) El trabajo productivo ha sido asignado a los hombres, y el trabajo reproductivo a las mujeres.
b) El trabajo productivo ha sido asignado a las mujeres, y el trabajo reproductivo a los hombres.

4. Conciliar implica:

a) Transformar, primero, y cuestionar, después, el modelo tradicional de división sexual del trabajo.
b) Cuestionar, primero, y transformar, después, el modelo tradicional de división sexual del trabajo.
c) Transformar sin cuestionar.
d) Ninguna es correcta.

5. Se procrastina cuando se evitan tareas en las que nos deberíamos centrar en este momento. Esta afirmación es:

a) Verdadera.
b) Falsa.

6. ¿Qué herramienta personal nos ayuda a gestionar nuestro tiempo?:

a) La agresividad.
b) La asertividad.
c) La comunicación pasiva.
d) Todas son correctas.

7. Conciliar la vida personal, familiar y laboral es un derecho de la ciudadanía y una condición fundamental para garantizar la igualdad entre mujeres y hombres.

   a) Verdadero.
   b) Falso.

8. Las empresas desempeñan un papel clave en la conciliación familiar y laboral y por ello tienen que:

   a) Facilitar la conciliación familiar y laboral a sus plantillas.
   b) Incorporar nuevas formas de organización del trabajo y gestión del tiempo.
   c) Realizar un cambio en la cultura empresarial, incorporando la conciliación como una parte más de la gestión.
   d) Todas son correctas.

9. La corresponsabilidad consiste en el reparto igualitario de las tareas y las responsabilidades familiares entre las mujeres y el trabajo.

   a) Verdadero.
   b) Falso.

10. Señala los beneficios de la corresponsabilidad para la sociedad:

   a) Favorece la igualdad de oportunidades entre mujeres y hombres.
   b) Favorece el fracaso escolar.
   c) Favorece que las tareas domésticas las realicen los hombres.
   d) Todas son correctas.

Unidad 2

1. **Las dos leyes que suponen un paso más para la igualdad de oportunidades entre hombre y mujeres a la hora de conciliar son:**

   a) La Ley 39/1999 y la Ley Orgánica 3/2007.
   b) La Ley 38/1998 y la Ley Orgánica 3/2007.
   c) La Ley 39/1999 y el Real Decreto-ley 3/2012.
   d) Ninguna es correcta.

2. **España es uno de los países de Europa que se sitúa a la cabeza a la hora de facilitar la conciliación del trabajo con la familia:**

   a) Verdadero.
   b) Falso.

3. **El permiso para ausentarse 1 hora al día, pudiendo dividir en dos fracciones esta hora o reducir la jornada media hora al principio o al final de la jornada corresponde en el caso de:**

   a) Permiso para el cuidado de la hija o hijo lactante.
   b) Permiso por enfermedad de familiares.
   c) Excedencia voluntaria.
   d) Ninguna de las anteriores.

4. **El derecho de 2 años de excedencia para el cuidado de familiares se puede solicitar para:**

   a) Únicamente para cuidado de los hijos.
   b) Familiar hasta el segundo grado de consanguinidad o afinidad que precise de cuidados y que no desempeñe actividad retribuida.
   c) Familiar de primer grado de consanguinidad que precise de cuidados y que no desempeñe actividad retribuida.
   d) Ninguna es correcta.

5. **La disminución del índice de natalidad es uno de los factores que se asocia cada vez con más frecuencia a los problemas de conciliación:**

   a) Verdadero.
   b) Falso.

6. **El plan integral de conciliación de la vida personal y laboral en la Administración General del Estado se llama:**

   a) Plan Concilia.
   b) Plan de igualdad.
   c) Plan de género.
   d) Ninguna es correcta.

7. **El Plan Concilia introduce la posibilidad de una modificación del horario fijo en dos horas para cualquier familia de forma ilimitada:**

   a) Verdadero.
   b) Falso.

8. **Como se propone en los planes de igualdad, el mecanismo preventivo que permitirá detectar situaciones de discriminación, reales o latentes y aplicar medidas y acciones positivas para corregirlas y lograr la igualdad de oportunidades entre mujeres y hombres, consiste en:**

   a) Realizar un cambio en la cultura empresarial.
   b) Realizar un diagnóstico de la situación de la empresa.
   c) Realizar un cambio en los horarios de la plantilla.
   d) Todas son correctas.

9. **Con la nueva legislación, el plan de igualdad es obligatorio para todas las empresas que tengan más de:**

   a) 250 trabajadores.
   b) 150 a 250 trabajadores.
   c) 100 a 150 trabajadores.
   d) 50 trabajadores.

10. **La igualdad de oportunidades ha demostrado ser una garantía de calidad y de mejora del clima laboral, haciendo más rentable la empresa:**

    a) Verdadero.
    b) Falso.

Unidad 3

1. **En el ámbito de la negociación colectiva se debe promover el impulso de medidas y herramientas que favorezcan una conciliación racional y coherente basada:**

   a) En el aumento de permisos.
   b) En conseguir un equilibrio eficaz entre las necesidades de la empresa y las de los trabajadores.
   c) En el aumento de horas de trabajo.
   d) Ninguna es correcta.

2. **Para mejorar el tratamiento que en los convenios colectivos se realiza de la conciliación y de la corresponsabilidad, es necesario:**

   a) Ampliar las medidas dirigidas a las mujeres que fomente la corresponsabilidad.
   b) Limitar la conciliación a la regulación de permisos.
   c) Introducir medidas de conciliación de la vida profesional y personal.
   d) Todas son correctas.

3. **Una buena práctica en la negociación colectiva, dirigida al reparto equilibrado entre mujeres y hombres en la asunción de responsabilidades familiares, es el uso del lenguaje no sexista:**

   a) Verdadero.
   b) Falso.

4. **Uno de los valores de las empresas para poder llevar a cabo las políticas de conciliación entre la vida profesional y la familiar es:**

   a) Conjunción de los intereses de los directivos y la empresa.
   b) Defensa y aplicación de los principios de solidaridad y responsabilidad.
   c) Fomentar la rentabilidad empresarial.
   d) Ninguna es correcta.

5. **El estilo de liderazgo que implica a todos los miembros de la organización y les hace partícipes y les motiva a realizar su trabajo de la mejor manera posible es:**

   a) El liderazgo compartido.
   b) El liderazgo jerárquico.
   c) El liderazgo asertivo.
   d) Ninguna es correcta.

6. **Se puede plantear una reorganización productiva mediante distintas prácticas como:**

a) Puestos compartidos.
b) Teletrabajo.
c) Horarios flexibles.
d) Todas son correctas.

7. **La difusión de las ideas de cambio recogidas en la misión y los valores de la empresa, en los que participen todos los trabajadores, es una fase del proceso de implantación de las medidas de conciliación:**

a) Verdadero.
b) Falso.

8. **Las funciones de los servicios de proximidad son diversas y en muchas ocasiones complementarias:**

a) Verdadero.
b) Falso.

9. **La elaboración de alimentos en el hogar es una prestación del servicio:**

a) Teleasistencia domiciliaria (TAD).
b) Servicio de ayuda a domicilio (SAD).
c) Servicios sociales.
d) Ninguna es correcta.

10. **Medidas como el cuidado de niños, de personas mayores y tareas domésticas como la limpieza, tienen un coste mínimo para la empresa y una gran efectividad en la conciliación.**

a) Verdadero.
b) Falso.

Evaluación Final

1. **El espacio privado es al que han sido asignadas históricamente las mujeres:**

   a) Verdadero.
   b) Falso.

2. **¿Qué herramienta personal nos ayuda a gestionar nuestro tiempo y hace que mejore la calidad de nuestras relaciones personales?:**

   a) La agresividad.
   b) La asertividad.
   c) La comunicación pasiva.
   d) Todas son correctas.

3. **La conciliación personal, familiar y laboral garantiza:**

   a) Que padres y madres puedan acceder al mercado de trabajo.
   b) Que los hijos e hijas puedan ser cuidados y educados por sus progenitores.
   c) Que las personas dependientes puedan ser atendidas por sus familias.
   d) Todas son correctas.

4. **La corresponsabilidad o el reparto de responsabilidades es una actitud de ayuda:**

   a) Verdadera.
   b) Falsa.

5. **La Ley que nos dice:** *"La necesidad de conciliación del trabajo y la familia ha sido ya planteada a nivel internacional y comunitario como una condición vinculada de forma inequívoca a la nueva realidad social. Ello plantea una compleja y difícil problemática que debe abordarse, no solo con importantes reformas legislativas, como la presente, sino con la necesidad de promover adicionalmente servicios de atención a las personas, en un marco más amplio de política de familia"*, **es:**

   a) La Ley 39/1999.
   b) La Ley Orgánica 3/2007.
   c) La Ley de protección de datos.
   d) Ninguna es correcta.

6. **El permiso para el cuidado de la hija o hijo lactante permite:**

   a) Ausentarse 1 hora al día, pudiendo dividir en dos fracciones esta hora.
   b) Reducir la jornada media hora al principio o al final de la jornada.
   c) Acumular las horas de este permiso para conseguir jornadas completas.
   d) Todas son correctas.

7. **El Plan Concilia introduce la posibilidad de una modificación del horario fijo en dos horas con carácter excepcional y para un tiempo limitado en familias monoparentales:**

   a) Verdadero.
   b) Falso.

8. **Uno de los valores de las empresas para poder llevar a cabo las políticas de conciliación entre la vida profesional y la familiar es:**

   a) Conjunción de los intereses de los directivos y la empresa.
   b) Primacía de las personas y del objeto social sobre el capital.
   c) Fomento de la rentabilidad empresarial.
   d) Ninguna es correcta.

9. **El liderazgo compartido conciencia a los trabajadores de su mayor responsabilidad y les involucra mucho más en su trabajo, siendo recompensados por ello con una mayor flexibilidad horaria que facilita la conciliación de su vida laboral y familiar:**

   a) Verdadero.
   b) Falso.

10. **Los servicios de proximidad principales corresponden a las siguientes siglas:**

    a) DAT Y TSA.
    b) TAD y SAD.
    c) TAC y SAR.
    d) TAM y SAD.

TEST DE UNIDADES DIDÁCTICAS

Soluciones

Unidad 1

1. *b)* *Cómo se organiza el trabajo entre hombres y mujeres.*

2. *b)* *Falso.*

3. *a)* *El trabajo productivo ha sido asignado a los hombres, y el trabajo reproductivo a las mujeres.*

4. *b)* *Cuestionar, primero, y transformar, después, el modelo tradicional de división sexual del trabajo.*

5. *a)* *Verdadera.*

6. *b)* *La asertividad.*

7. *a)* *Verdadero.*

8. *d)* *Todas son correctas.*

9. *b)* *Falso.*

10. *a)* *Favorece la igualdad de oportunidades entre mujeres y hombres.*

Unidad 2

1. *a)* *La Ley 39/1999 y la Ley Orgánica 3/2007.*

2. *b)* *Falso.*

3. *a)* *Permiso para el cuidado de la hija o hijo lactante.*

4. *b)* *Familiar hasta el segundo grado de consanguinidad o afinidad que precise de cuidados y que no desempeñe actividad retribuida.*

5. *a)* *Verdadero.*

6. *a)* *Plan Concilia.*

7. *b)* *Falso.*

8. *b)* *Realizar un diagnóstico de la situación de la empresa.*

9. *d)* *50 trabajadores.*

10. *a)* *Verdadero.*

Unidad 3

1. b) *En conseguir un equilibrio eficaz entre las necesidades de la empresa y las de los trabajadores.*

2. c) *Introducir medidas de conciliación de la vida profesional y personal.*

3. a) *Verdadero.*

4. b) *Defensa y aplicación de los principios de solidaridad y responsabilidad.*

5. a) *El liderazgo compartido.*

6. d) *Todas son correctas.*

7. a) *Verdadero.*

8. a) *Verdadero.*

9. b) *Servicio de ayuda a domicilio (SAD).*

10. a) *Verdadero.*

Evaluación Final

1. a) *Verdadero.*

2. b) *La asertividad.*

3. d) *Todas son correctas.*

4. b) *Falsa.*

5. a) *La Ley 39/1999.*

6. d) *Todas son correctas.*

7. a) *Verdadero.*

8. b) *Primacía de las personas y del objeto social sobre el capital.*

9. a) *Verdadero.*

10. b) *TAD y SAD.*

GLOSARIO

Atención a personas dependientes

Prestación de asistencia a personas jóvenes, enfermas, de edad avanzada o con discapacidad que dependen de otra persona.

Conciliación de la vida laboral, familiar y personal

Participación equilibrada de mujeres y hombres en el mercado de trabajo. Para ello es imprescindible la incorporación de: sistema de permisos de maternidad, parentales y familiares de recursos para el cuidado de niñas, niños y personas dependientes.

Estrategia que permite la construcción de un entorno social y laboral donde los hombres y las mujeres puedan articular la actividad laboral, las responsabilidades familiares domésticas y el desarrollo de otras facetas de su vida.

Para las empresas, es una herramienta básica de gestión de los recursos humanos que permite aprovechar el potencial de todo el capital humano disponible a partir de la aplicación de medidas que permitan compatibilizar la vida laboral, familiar y personal.

Corresponsabilidad

En relación con la conciliación, se habla de corresponsabilidad de hombres y mujeres a la hora de compartir responsabilidades en el ámbito familiar y doméstico; también son corresponsables los agentes sociales y económicos que son factor clave en el desarrollo de políticas, programas y medidas dirigidas a conseguir la igualdad de oportunidades de mujeres y hombres y la conciliación de la vida laboral, personal y familiar.

Excedencia para el cuidado de menores a cargo

Permiso por el cual las madres y los padres pueden acogerse a una excedencia durante un periodo periodo no superior a tres años para atender al cuidado de cada hijo, tanto cuando lo sea por naturaleza, como por adopción, o en los supuestos de guarda con fines de adopción o acogimiento permanente, a contar desde la fecha de nacimiento o, en su caso, de la resolución judicial o administrativa.

Género

Concepto que hace referencia a las diferencias sociales (por oposición a las biológicas) entre hombres y mujeres que han sido aprendidas, cambian con el tiempo y presentan graves variaciones entre diversas culturas e incluso dentro de la misma cultura.

Horario flexible

Fórmulas de jornada laboral que ofrecen una gama de posibilidades en cuanto a las horas trabajadas, turnos, horarios de trabajos diarios, semanales, mensuales o anuales.

Igualdad de oportunidades entre mujeres y hombres

Supone garantizar que mujeres y hombres puedan participar en distintas esferas (económica, política, participación social, de toma de decisiones) y actividades (educación, formación, empleo) sobre bases de igualdad.

Igualdad efectiva

Ausencia real de barreras que limitan las oportunidades de una persona en función de su sexo. Supone que las mujeres no encuentren limitaciones que los hombres no tienen.

Permiso parental

Derecho individual (y no transferible) de todas las personas trabajadoras, hombres y mujeres, a ausentarse del trabajo por motivo de nacimiento o adopción de un hijo.

Permiso por maternidad

Licencia a la que tiene derecho una mujer antes o después del parto, por un tiempo ininterrumpido determinado por la legislación y las prácticas nacionales.

Permiso por paternidad

Licencia normalmente de duración determinada, a la que tiene derecho el padre de un menor, en los mismos términos que el permiso de maternidad.

Permiso por razones familiares

Derecho a ausentarse del trabajo por razones familiares. Puede ser, o no, compartido entre los/as progenitores/as.

Personas dependientes

Niños y niñas, personas mayores, personas con discapacidad, personas enfermas.

Responsabilidades familiares

Responsabilidades que tienen las mujeres y los hombres y se derivan de la atención y el cuidado de personas dependientes.

Responsabilidad social corporativa

Según la comunicación de la Comisión Europea relativa a la responsabilidad social de las empresas esta consiste en la integración voluntaria de las preocupaciones sociales y medioambientales en sus operaciones comerciales y sus relaciones con sus interlocutores. La responsabilidad social consiste, también, en gestionar los cambios dentro de la empresa de una manera socialmente responsable, lo que ocurre cuando una empresa procura reconciliar los intereses y las necesidades de las distintas partes de manera aceptable para todas ellas.

Roles de género

Papeles sociales atribuidos a hombres y mujeres como propios de su sexo. Tienen que ver con capacidades, valores, funciones, habilidades y tareas asignados en función de los estereotipos de género y son construidos cultural e históricamente; por lo tanto, son también modificables.

Sexo

Características biológicas que distinguen al hombre de la mujer. Se refiere exclusivamente al ámbito de lo biológico y lo natural, a las diferencias biológicas entre personas, las que determinan la presencia del cromosoma X o Y en el cuerpo humano.

BIBLIOGRAFÍA Y WEBGRAFÍA

Bibliografía

A continuación, relacionamos una serie de manuales que consideramos interesantes como bibliografía relacionada con el temario:

- *De la conciliación a la corresponsabilidad: buenas prácticas y recomendaciones.* Instituto de la Mujer, 2008 (Ministerio de Igualdad).

- *Género y Conciliación.* Ábaco. Revista de cultura y ciencias sociales. 2ª época. Nº doble 49-50.

- *Guía para la igualdad de oportunidades entre mujeres y hombres en las empresas.* CEIM, 2021.

- *Guía sobre la conciliación de la vida laboral, familiar y personal.* Instituto Andaluz de la Mujer, 2009.

- *Herramientas de apoyo.* Serie de herramientas para la realización de planes de igualdad en empresas, entidades públicas, sindicatos, etc. Instituto de la Mujer y para la Igualdad de Oportunidades. Ministerio de Igualdad

- *La conciliación de la vida laboral y familiar.* Por: Milú Vargas E., 2004.

- *Perspectiva empresarial sobre la conciliación de la vida laboral y familiar.* CEOE, 2017.

Webgrafía

A continuación, os presentamos una serie enlaces relacionados con el temario:

- **Instituto de la Mujer y para la Igualdad de Oportunidades.**

  https://www.inmujeres.gob.es/

- **EUSCADI.EUS. Departamento de Igualdad. Justicia y Políticas Sociales.**

  https://www.euskadi.eus/gobierno-vasco/departamento-igualdad-justicia-politicas-sociales/

- **Familias e infancia. Departamento de Igualdad, Justicia y Políticas Sociales.**

  https://www.euskadi.eus/gobierno-vasco/politica-familiar-desarrollo-comunitario/inicio/

- **Instituto Andaluz de la Mujer. Consejería de Inclusión Social, Juventud, Familias e Igualdad.**

  http://www.juntadeandalucia.es/institutodelamujer/index.php/inicio

- **Ministerio de Igualdad.**

  http://www.igualdad.gob.es/